푸틴의
러시아

PUTIN'S RUSSIA

푸틴의
러시아

러시아의
굴곡진 현대사와
독재자의 탄생

대럴 커닝엄 글·그림
장선하 옮김

어크로스

서문

이 책의 초판은 2021년 9월에 출간됐다. 이후 러시아는 우크라이나에 전면 침공을 감행했다. 이 글을 쓰고 있는 지금 이 순간에도 사태는 점점 악화하고 있다. 블라디미르 푸틴은 조직적으로 도시들을 파괴하고, 의도적으로 민간인들을 공격하고 있다. 수천 명이 목숨을 잃었다. 체첸에서 전쟁을 일으킬 때도 그랬고 시리아의 바샤르 알아사드를 지원할 때도 똑같은 전략을 썼다. 푸틴은 여러 서구권 국가들이 생각하는 것처럼 똑똑하고 계산적인 인물이 아니다. 그런 적도 없었고, 그럴 필요도 없다.

수십 년간 푸틴에게 유화정책을 펼친 결과가 바로 이것이다. 누구도 푸틴을 막지 않았기 때문에 언젠가는 벌어질 사태였다. 동쪽으로 확장하려는 나토의 위협이 전쟁의 원인이라고 주장하는 사람들도 있다. 그러나 그건 푸틴이 우크라이나에 얼마나 집착하는지 몰라서 하는 말이다. 문화적으로 특별한 의미가 있고 자원이 풍부한 우크라이나 없이 러시아 제국은 완성되지 않는다. 그래서 푸틴이 다시 손에 넣으려고 하는 것이다. 전 KGB 요원 푸틴이 원하는 것은 과거 위대했던 소련의 힘을 되살리는 것이다. 나토는 둘러대기 딱 좋은 구실일 뿐 전쟁을 일으킨 진정한 이유가 아니며, 이유였던 적도 없다.

지난 수십 년간 러시아의 돈은 끊임없이 서구권으로 흘러들어 정치 체계를 간섭하고 사업가와 정치인들을 매수했으며, 정당들을 부패시키고 정국 불안을 초래하여 독재주의의 출현을 지원했다. 이런 점들이 우크라이나 침공 사태가 터지고 나서야 초미의 관심사로 떠오르고 있다. 오랫동안 알고도 모르는 척 의도적으로 외면해온 영국의 매체들도 마침내 보리스 존슨과 그의 보수 정당이 러시아의 올리가르히Oligarch*들과 결탁하고 있다는 증거를 진지하게 받아들이는 것 같다. 지금 영국에는 세탁된 러시아 돈이 넘쳐나고 있다. 러시아 국민에게서 훔쳐낸 피 묻은 돈이다. 어쩌면 이번에는 영국이 금융 제도 재정비에 나설지도 모르겠다.

* 소련 붕괴 후 막대한 부와 권력을 쌓은 신흥 재벌과 관료-옮긴이 주.

우리 모두는 푸틴의 회의 장면이 찍힌 사진을 보아왔다. 자신의 종들로부터 최대한 멀리 떨어져 앉아 있는 그 모습을. 그는 독재자 통치의 막바지에 다다랐고, 편집증적 과대망상의 시기에 이르렀다. 나는 그 모습이 코비드 때문이라고 생각하지 않는다. 그는 두려움에 사로잡혔고 이제는 모두가 그의 적이다. 내가 이 글을 쓰는 이 순간부터 여러분이 이 글을 읽기 전까지도 사태는 더욱 악화할 것이 분명하다. 바라건대 그때쯤에는 러시아 내부와 서구의 민주 세력들이 푸틴의 통제력을 약화해서 그 누구보다 악랄한 이 독재자의 최후가 시작되는 걸 지켜볼 수 있기를 소망한다.

대릴 커닝엄, 2022년 3월, 웨이크필드

블라디미르 블라디미로비치 푸틴

1952년에 지금의 상트페테르부르크인 레닌그라드에서 태어난 푸틴은
세 가구가 모여 사는 다가구 공동아파트에서 자랐다.
100만 명이 넘는 시민들이 굶주림이나 폭격으로 목숨을 잃은
레닌그라드 포위전이 끝난 지 겨우 8년이 지난 후였다.

푸틴의 어린 시절에 대해 우리가 알고 있는 얘기들은 대부분 2000년에 있었던 몇 차례의 인터뷰에서
비롯한다. 인터뷰는 《퍼스트 퍼슨First Person》이라는 제목의 자서전으로도 출간되었다. 이 얘기들은 있는
그대로의 사실이라기보다는 자신에 관한 신화를 만들려는 푸틴의 의도가 반영됐을 소지가 다분하다.
이 점을 꼭 기억하면서 다음의 내용을 읽길 바란다.

아들과 똑같이 이름이 '블라디미르'인 아버지 푸틴은
2차 세계대전이 일어나기 전 소련 해군에 징집되어
1930년대 초반 잠수함대에 근무했다.

전쟁이 일어나자마자 블라디미르는 엔카베테NKVD* 파괴부대에 들어갔다.
그 후 일반 부대로 옮겨간 그는 독일군의 수류탄에 맞아 다리에 심각한 부상을 입는다.

* 일상적인 경찰 업무 외에 교도소 및 강제 노동 수용소를 감독하던 비밀경찰 조직.

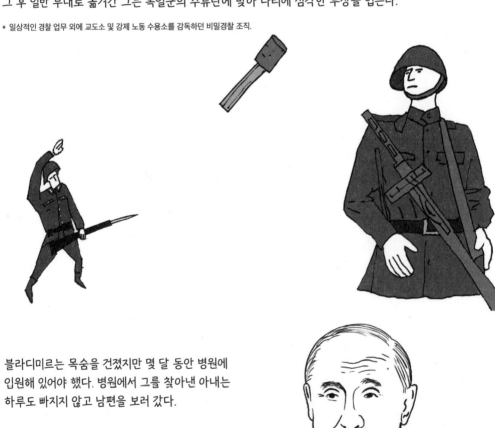

블라디미르는 목숨을 건졌지만 몇 달 동안 병원에
입원해 있어야 했다. 병원에서 그를 찾아낸 아내는
하루도 빠지지 않고 남편을 보러 갔다.

굶주림으로 거의 빈사 상태인 아내의 모습을 본
블라디미르는 간호사들 몰래 자기가 먹을 음식을
감춰두었다가 아내에게 주었다.

제대로 먹지 못해 실신한 블라디미르를
본 의사들이 곧 그 이유를 알아차린다.

그는 의사들에게 엄중한 훈계를 들었고
한동안 아내를 만나지 못했다.

어쨌든 푸틴의 부모는 모두 살아남았다.
다만 푸틴의 아버지는 부상 때문에
평생 다리를 절어야 했다.

어린 푸틴은 사방이 쓰레기 천지고 마당에 쥐가 들끓는 아파트 단지에서 자랐다. 그는 다른 아이들보다
어리고 체구도 작았다. 하지만 절대 밀리지 않았다. 어린 시절 동급생이자 오랜 친구인 빅토르 보리센코의
회상에 따르면 푸틴은 누군가 자신을 깔보거나 무시하면 당장 달려들어 격렬하게 싸웠고, 물어뜯고
할퀴고, 어떤 비열한 방법을 써서라도 자신을 무시한 사람에게 반드시 복수했다고 한다.

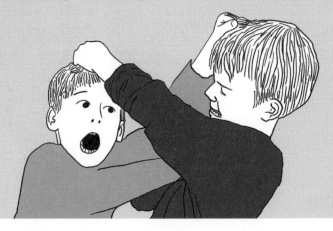

전쟁이 끝난 후 푸틴의 아버지는 승객용 기차와 전철의 객차를 만드는 예고로프 공장에서 일했다. 그가 (당시는 KGB로 알려진) 비밀경찰 예비 요원으로 지냈는지는 확실치 않다. 그 시기 일반적인 직업에 종사하면서도 KGB를 위해 정보를 캐내 제공하고 그 대가로 돈을 받는 요원들이 수천 명에 달했다. 푸틴 일가가 상대적으로 잘 살았던 이유가 이것일 수도 있다. 푸틴의 집에는 텔레비전과 전화기가 있었는데, 보통의 소련 가정에서는 보기 드문 물건들이었다.

1964년 어린 푸틴은 삼보를 배우기 시작한다. 삼보는 유도와 레슬링을 섞은 소비에트 스타일의 무술로 푸틴의 작은 체구와 호전적인 성격에 딱 맞아떨어졌다.

삼보의 엄격한 규율은 공부 못하는 길거리 폭력배였던 푸틴이 목표지향적이고 근면한 청소년으로 변하는 데 많은 영향을 미쳤다. 푸틴은 KGB에 들어가길 꿈꾸었고, KGB에서 백병전에 능한 신입을 뽑을 거라는 소문을 듣는다.

고등학교 졸업을 1년 앞둔 16살 나이에 푸틴은
레닌그라드에 있는 KGB 본부를 찾아간다.
스탈린의 비밀경찰 사무실이었던 그곳은 나라의
적이라고 간주된 사람들이 끌려가 죽임을 당하는,
피로 물든 지하실로 악명이 높았다.

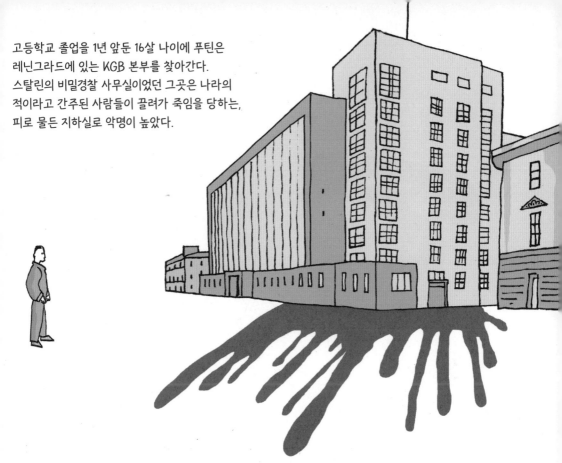

푸틴은 거기서 만난 경찰에게 KGB에 들어가려면 어떻게 해야 하는지 물었고, 군대에 가거나 먼저 대학을
졸업해야 한다는 답변을 들었다.

푸틴은 굳은 결심을 하고 레닌그라드 국립대학교에 입학했고 1975년에 법학과를 졸업했다.

대학에 다니는 동안 푸틴은 KGB 본부에서 만났던
사람이 연락해주기를 간절히 기다렸지만 아무런
소식이 없었다. 그러나 KGB가 지원자를 받지 않는다는
사실을 알고 있어서 먼저 나서지도 않았다.

그러던 어느 날, 푸틴은 자신을 만나고 싶다는 한 남자의 전화를 받는다. 남자는 정체를 밝히지 않았다.

여보세요?

남자는 앞으로 주어질 임무에 대해 의논하고 싶다고 하고서 그밖에 자세한 얘기는 하지 않았다.

그때 푸틴은 깨달았다. 그 남자가 KGB에서 일한다고 말하지 않는다는 그 자체가 거기서 일하고 있다는 뜻이라는 걸.

1975년, 푸틴은 KGB에 들어간다.

KGB에 들어가기만 하면 흥미진진한 모험이 가득한 생활이 펼쳐질 거라고 기대했다면 푸틴의 실망이 매우 컸을 게 분명하다. 레닌그라드 같은 변방 지역에서의 KGB 생활은 서류 작업이 대부분이었다. 당시 푸틴은 이미 포화상태인, KGB에 넘쳐나는 특별한 목적 없는 젊은이 수천 명 중 하나에 불과했다.

따분해.

10년이 지난 후 푸틴은 KGB 해외첩보부로 전근했고 공산주의 체제였던 동독 드레스덴에 파견된다.

이곳에서 푸틴은 해외여행을 다녀온 동독 시민들의 기록을 수집 분석하고 보고하는 임무를 수행했다고 한다.

푸틴은 류드밀라 스크레브네바와 결혼했다. 그녀는 발트해에 인접한 도시 칼린그라드 출신으로, 러시아 국내선 항공사 스튜어디스였다.

부부는 슬하에 두 딸, 마리아와 예카테리나를 두었다.

푸틴은 자신의 공식 자서전에서 드레스덴에서의 지루한 업무 때문에 우울증에 빠져 맥주를 가까이하고 운동도 그만둬 살이 쪘으며, 재미라곤 찾을 수 없었다고 밝힌 바 있다.

꺽!

이 말은 신빙성이 매우 적어 보인다. 푸틴이 드레스덴에서 실제로 무슨 일을 했는지 알려진 바가 몇 가지 있다.

푸틴은 동독 비밀경찰인 슈타지와 러시아 사이의 연락책이었다.
또 KGB가 서구의 기술을 동구권으로 몰래 들여오는 데 도움을 줄 만한
과학자들과 사업가들을 포섭하는 데 관여했다.

당시 KGB는 지멘스와 바이엘, 메서슈미트와 튀센을 비롯한 여러 독일 회사에 '자산asset'이라고 불리는
인물들 혹은 요원들을 심어놓았다.

푸틴은 또 '슬리퍼 에이전트sleeper agent'들을 관리했다. 이들은 목표 국가에 심어놓은 첩자들로 활동 개시
명령이 떨어지면 잠재적인 요원으로 활동하는 사람들이다.

푸틴은 그런 요원들에게 존경심을 표했다.
소련을 위해 봉사하겠다는 일념으로 사랑하는
사람들과 자신의 삶을 뒤로 하고,

몇 년씩 조국을 떠나 있을 수 있다는 점에서
매우 특별한 사람들이라며 오로지 엘리트만이
할 수 있는 일이라고 믿었다.

그사이 소련은 점차 무너지고 있었다. 소련의 8대이자 마지막 서기장은 머리에 새겨진 독특한 모양의 출생모반이 특징인 미하일 세르게예비치 고르바초프였다.

고르바초프의 주요 목표는 과도한 군비 지출 탓에 수년간 저조한 성장세를 벗어나지 못하는 소련의 경제 부흥이었다. 이를 위해 고르바초프는 노동자들의 생산성 향상과 기술의 신속한 현대화, 억압적인 소련 관료 체제의 변환에 주력한다.

이러한 시도들이 성과를 내지 못하고 실패하자 고르바초프는 소련의 경제와 정치 체계를 대상으로 더 근본적인 개혁에 착수한다. 그가 실시한 글라스노스트Glasnost(개방) 정책으로 주요한 문화적 해빙기가 시작된다.

표현의 자유와 정보가 크게 늘어서, 별안간 신문사와 방송사들도 전례 없이 솔직한 보도와 비평을 할 수 있게 되었다.

또 고르바초프의 페레스트로이카perestroika(개혁) 정책은 소련의 정치 체계를 민주화하려는 최초의 시도였다.

자, 여러분, 새로운 정당을 만들어봅시다.

정당과 정부의 직책을 뽑는 일부 선거에 처음으로 여러 명의 후보가 나섰고 비밀투표도 시행됐다.

고르바초프는 반대 의견을 묵살하고 언론의 자유를 억제하던 이전의 전체주의적인 권력 행사를 최대한 자제했다.

기분이 이상해. 집회를 해산시키러 오는 사람이 없다니.

투표

그러나 고르바초프는 사유권과 자유시장 메커니즘으로 완전히 넘어가는 것에는 반대했다.

여기서부터 자본주의자 접근 금지

그러다 보니 중앙 계획 경제는 계속 무너지는데 정작 그것을 대체하는 민영기업은 없었다.

상점

오늘 빵 없음

변화는 퍼져나갔다. 1989~1990년 말, 동독과 폴란드, 헝가리 그리고 체코슬로바키아에서 민주적으로 선출된 비공산주의 정부가 권력을 장악한다.

고르바초프의 정치 체계 민주화로 새로운 자유가 꿈틀거리기 시작했다. 조지아와 우즈베키스탄, 아제르바이잔을 포함해 러시아를 구성하는 일부 공화국에서 시민 소요가 일었고, 리투아니아에서는 완전한 독립을 쟁취하려는 시도가 일어났다.

고르바초프는 군사력을 동원해 몇몇 공화국에서 발생한 민족 간의 유혈 충돌을 진압하며 보복을 감행했다.

그러던 중 1989년 11월 9일 밤, 독일 국민이 30년 가까이 냉전으로 갈라진 유럽을 상징해온 베를린 장벽을 부쉈다.

1990년 10월, 마침내 독일이 통일되면서 다른 동유럽 정권들이 무너지기 시작했다.

독일이 통일된 후 블라디미르 푸틴과 부인은 드레스덴을 떠나 레닌그라드로 돌아왔다.

푸틴은 중령으로 KGB에서 공식 사임한다.

그러나 실질적으로는 그가 KGB의 현역 예비 요원으로 남았을 가능성이 매우 크다.

한번 스파이는 영원한 스파이이다.

푸틴은 레닌그라드 국립대학교에서 국제관계를 담당하는 부총장직을 맡게 된다.

그러나 3개월도 지나지 않아 그 자리에서 물러난다.

그 후 푸틴은 법학 교수이자 유명 정치인인 아나톨리 솝차크의 세력에 들어간다.

카리스마 넘치는 연설가이자 세련된 멋쟁이로도 유명한 솝차크는 고르바초프 시대의 민주주의 개혁의 파도를 타고 레닌그라드에서 정치적 입지를 다진 인물이다.

1990년 4월, 솝차크는 레닌그라드 시의회 부의장으로 선출되었고, 5월에는 의장, 1991년 6월에는 레닌그라드 시장이 되었다.

솝차크가 레닌그라드 국립대학교에서 푸틴을 만나 그에게 일자리를 제안한 것도 이 무렵이었다.

푸틴

푸틴의 레닌그라드 시 행정부 입성의 배후에 KGB가 있다는 추측이 끈질기게 맴돌았다. 푸틴이 러시아로 돌아온 궁극적인 이유가 이것이라는 것이었다. 급성장하는 민주주의 운동의 중심에 효과적으로 배치된 스파이라는 주장이었다.

솝차크는 푸틴의 임명은 KGB와 아무 상관이 없다고 계속해서 부인했다.

또한 KGB가 푸틴을 자신에게 배정한 것이 아니라고 주장했다. 그저 법학 교수 시절 당시 법학과 학생이었던 푸틴을 기억하고 있었을 뿐이라고 말했다.

KGB의 도움이 있었든 없었든 푸틴은 1991년에 솝차크의 새로운 시 행정부에서 일하게 된다.

소련을 붕괴로 이끈 이유 중 하나는 식량난이었다.

시골에선 상점마다 줄이 길게 이어졌고 엄청난 고물가와 극심한 빈곤 문제가 만연했다.

규모가 큰 도시들은 상황이 좀 낫긴 했지만 그럼에도 레닌그라드 시 당국은 1989년 6월부터 차와 비누를 배급제로 돌려야 했다.

이게 전부예요?

네.

4개월 후에는 설탕과 보드카, 담배도 배급 품목에 포함되었다.

조만간 담배를 못 구하면 이 도시를 부숴버리고 말겠어.

1990년에는 배급 카드가 발행되었다.

전쟁 난 거 같네.

1990년에는 레닌그라드에서 두 번이나 대규모 집단 소요 사태가 발생할 뻔했다.

8월에는 담배 폭동이 일어났고, 몇 주 후에는 설탕 폭동이 일어났다.

따라서 레닌그라드 공무원들의 최우선 과제는 식료품을 공급하는 것이어야 했지만, 문제가 있었다.

당시 마리나 살예는 시의회 식량공급위원회의 의장을 맡고 있었다.

그녀는 시에서 주문한 60톤 분량의 육류 위탁물과 관련해 이상한 점을 발견했다.

위탁물이 도착하지 않는 것이다. 살예는 솝차크에게 전화를 걸었고 그가 회사 이름을 알려줬다. 그녀는 은행에서 그 회사 앞으로 9000만 독일마르크어치의 신용장이 개설된 사실을 확인한다.

그러나 솝차크는 자기도 어떻게 된 일인지 모른다며 아무 말도 하지 않았다.

마리나 예브게니예브나 살예는 원래 정치인이 될 생각이 없었다.

유망한 과학자였던 그녀는 지질학 박사이자 레닌그라드 지질학연구소의 연구원이었다.

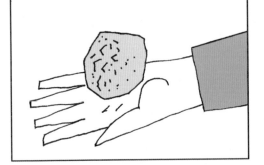

살예가 급진적 활동가 단체의 리더로 부상한 것은 바로 고르바초프가 정치적 개방 정책을 실험적으로 도입하기 시작했을 때였다.

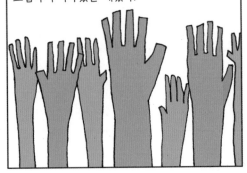

그녀는 곧 레닌그라드 인민전선의 핵심 구성원이 되었고 1990년에는 인민대표회의의 의원으로 선출되었다.

하지만 살예는 이후 몇 달 동안 이어진 정치적 혼란 탓에 사라진 고기 문제를 더 깊이 파고들 여유가 없었다. 그러나 이 일을 잊지 않았다….

미하일 고르바초프가 소련에 일으킨 변화는 비단 국내에만 한정되지 않았다.
1987년, 고르바초프는 당시 미국 대통령 로널드 레이건과 두 나라에 존재하는
중거리 핵탄두 미사일을 모두 폐기하기로 하는 조약에 서명한다. 1988~1989년에는
9년간 주둔해왔던 아프가니스탄에서 소련 군대를 철수시킨다.

고르바초프는 이처럼 여러 변화를 시도한 노력 덕에 서구에서 폭넓은 찬사를 받았다.
그러나 소련 내에서는 별로 인기를 끌지 못했다. 강경파 공산주의자들은 고르바초프가
소련을 배신했다고 느꼈고, 개혁파들은 그의 노력이 충분치 않다고 생각했다.

끝내 고르바초프는 보리스 옐친에게 밀려난다.

보리스 니콜라예비치 옐친은 1931년에 우랄산맥 근처의 작은 시골 마을에서 태어났다. 어린 시절 그는 왼쪽 손가락 두 개를 잃었는데, 친구들과 군수품 상점에서 훔친 수류탄을 가지고 놀다가 수류탄이 터진 탓이었다.

수년간 공산당에서 활약한 옐친은 1985년에 고르바초프가 그를 모스크바로 데려왔을 때 처음으로 대중의 관심을 받게 된다. 옐친은 거기서 정당 조직의 부패 청산 업무를 맡았다.

모스크바 시 공산당 제1서기가 된 옐친은 사실상 소련 수도의 시장과 다름없었다.

1986년, 옐친은 중앙당 정치국(소련의 최고 정책 결정 기관)의 투표권 없는 후보위원으로 승진한다.

비록 초기에는 고르바초프의 후원을 받았으나 옐친은 결코 그의 편이 아니었다. 얼마 후 옐친은 소련의 지도자와 갈등을 겪는데….

옐친이 경제 개혁 속도가 더디다고 비판하며 더 나아가 고르바초프까지 비난했기 때문이었다.

옐친은 1987년에 모스크바 당 지도부에서 해임되었고
1년 후에는 정치국 후보위원에서도 해임되었다.
그는 건설 담당 서기로 강등되었다.

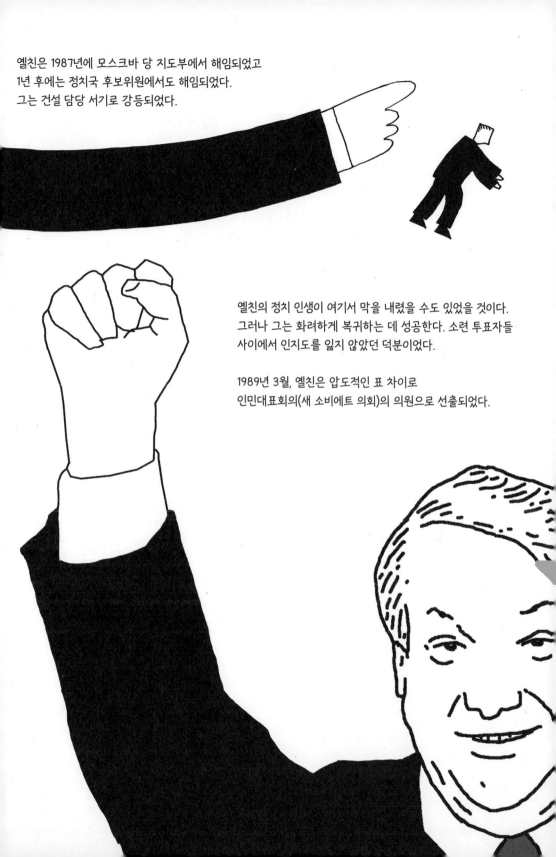

옐친의 정치 인생이 여기서 막을 내렸을 수도 있었을 것이다.
그러나 그는 화려하게 복귀하는 데 성공한다. 소련 투표자들
사이에서 인지도를 잃지 않았던 덕분이었다.

1989년 3월, 옐친은 압도적인 표 차이로
인민대표회의(새 소비에트 의회)의 의원으로 선출되었다.

1년 후인 1990년 5월 29일, 러시아 의회에서 옐친이 러시아 공화국의 대통령으로 선출된다. 고르바초프가 지지하는 후보를 압도적으로 누른 결과였다.

1991년 8월에는 강경파 공산주의자들이 고르바초프에 반대하며 쿠데타를 일으켰는데, 이에 옐친은 쿠데타 리더들에 반대하며 모스크바에서 고르바초프를 지지하는 저항 집회를 연다. 발발한 지 며칠 만에 쿠데타는 흐지부지되었고 옐친은 소련에서 가장 강력한 정치적 인물로 떠오른다.

쿠데타 반대 집회 당시 모스크바 의회 앞에서 탱크 위에 서 있던 모습의 옐친은 전 세계적으로 유명해진다.

옐친 정권은 무너져가는 소련 정부의 뒤를 이었다. 소련 소속의 공화국들이 새로운 연방을 결성하는 데 동의했다. 1991년 12월 25일에 고르바초프가 소련의 대통령직을 사임했으며, 같은 날 소련도 해체되었다.

아나톨리 솝차크가 레닌그라드의 시장으로 선출되고 블라디미르 푸틴이 국제관계 고문으로 임명된 때가 바로 이 시기다. 시민들이 투표를 통해 레닌그라드를 소련 이전의 원래 이름인 상트페테르부르크로 다시 바꾸는 것에 찬성한 때이기도 하다.

일단 정치적 상황이 안정되기 시작하자 마리나 살예는 감쪽같이 사라진 9000만 독일마르크어치의 육류 위탁물에 대한 조사를 재개한다.

그녀는 이 거래를 협상한 남자의 이름이 블라디미르 푸틴이라는 것을 밝혀낸다.

푸틴의 부서는 시장실 산하의 국제관계위원회라는 곳이었다.

그곳의 주요 업무는 다른 나라에서 식품을 수입해서 시에 공급하는 일이었다.

살예는 푸틴의 부서가 합법성이 의심되는 다수의 수출 계약에 관여한 사실을 발견한다.

당시 러시아 화폐 루블의 가치는 보잘것없었지만, 그 대신 러시아에는 기름, 금속, 목재, 면화 등 거래 가능한 천연자원이 매우 풍부했다.

미심쩍은 계약서들에 적혀 있는 회사들은 천연자원을 수출하고 식료품을 수입하기로 약속했다.

그러나 살예는 계약서마다 하나같이 오류가 있어서 효력이 없음을 알아차린다. 계약서 대부분에 인장이 없거나 서명이 빠져 있었던 것이다.

살예는 이런 계약서들에 법적 효력이 없다는 사실을 숙달된 법조인인 푸틴이 모를 리 없다고 확신했다.

원자재들은 계약서에 적힌 대로 수출된 것 같은데 들어와야 할 식료품은 어디에도 보이지 않았다.

이는 명백히 법적 하자가 있는 계약서를 꾸미고, 그런 계약서를 제대로 살펴보지도 않고 무턱대고 수출 면장에 허가 도장을 찍을 사람과 결탁해 벌인 사기극이 분명했다.

세관은 의심 없이 국경을 열었을 것이고, 원자재는 해외로 실려 나가 팔렸을 것이며, 그 돈은 누군가의 주머니로 들어간 게 틀림없었다.

상트페테르부르크는 모스크바에 10억 달러어치의 원자재 수출을 승인받았다. 즉 살예가 찾아낸 12건의 조작된 허위 계약서에 적힌 금액은 푸틴의 부서를 거쳤을 전체 액수의 10퍼센트에 불과했다.

살예는 감쪽같이 증발한 돈 9200만 달러에 대한 증거를 가지고 있었고 시청의 또 다른 공금 9억 달러에 대해서도 의혹을 품었다.

증거

시의회는 증거를 검토하고 나서 그 돈이 횡령당했다고 결론지었다.

시의회는 솝차크 시장에게 푸틴과 그의 부하직원 알렉산더 아니킨을 해임할 것을 요구했다.

권고

그러나 솝차크는 부패에 맞서 행동하는 대신 시의회를 폐지해버린다.

나가!

1990년대 초 러시아에서는 극소수 사람들이 아주 빠른 속도로 갑부가 되었다. 부패가 엄청나게 만연하던 시기였다.

그러나 평범한 보통 사람들에게는 소련 해체 후의 혜택이 전혀 돌아가지 않았다.

이제 상점에 물건들이 많네.

우리는 살 수 없는 것들이야.

상트페테르부르크의 시민 네 명 중 세 명은 빈곤선에도 못 미칠 만큼 가난했다.

빈곤

선

도시의 사회기반시설은 붕괴하고 있었고, 대중교통은 중단됐다.

버스는 언제 와?

안 와.

버스 정거장

도시에 있는 대형 아파트 건물들은 엘리베이터가 작동하는 경우가 매우 드물었다.

엘리베이터

고장

그러나 솝차크 시장은 도시가 쇠락해가는 걸 감지하지 못하는 듯 부유한 유명인사 생활을 계속했고…

유권자들 사이에서 평판이 크게 나빠진 사실도 모르는 듯했다. 솝차크는 1996년 시장 선거에서 전 부시장이었던 블라디미르 야코블레프에게 패한다.

뭐라고?

2년 전인 1994년에 부시장으로 승진했던 푸틴은 새로운 시 행정부의 자리를 거절하고 가족들을 데리고 모스크바로 향했고,

거기서 대통령재산관리부의 부서장직을 맡는다. 이 또한 어떻게 맡게 됐는지 알 수 없는 요직이었다.

한편 솝차크는 선거에서만 패배한 것이 아니라 기소 면책권도 잃었다.

거의 40명이나 되는 특별 조사팀이 시장실에서 벌어진 부패 혐의를 1년간 집중적으로 조사한다.

검찰에 출두하던 날 솝차크는 심장마비로 쓰러진다.

위급한 상황을 넘긴 솝차크는 치료를 더 받아야 한다며 프랑스로 출국한다.

구급차에서 내린 솝차크가 거의 뛰다시피 비행기에 오르는 걸 목격한 공항 직원들은 그의 건강 상태가 양호해 보였다고 진술했다.

솝차크는 1999년까지 러시아로 돌아오지 않았다. 그는 러시아 조사관들의 손이 닿지 않는 파리에서 자진 망명 생활을 계속했다.

그러는 사이 그의 전 부시장이었던 블라디미르 푸틴은 별다른 노력을 기울이지 않고서도 점점 서열이 높아지며 승승장구한다.

전직 KGB 상관들이 푸틴의 서열 상승에 어떤 영향력을 미쳤는지 알려진 바는 없다. 그러나 보이지 않는 손이 관련되지 않았을 것이라고 믿기는 어렵다.

1998년에 푸틴은 대통령 행정부의 제1부부장직을 맡는다.

러시아 연방을 이끈 보리스 옐친의 지도력은 변덕스럽고 거칠 때가 많았다.
그는 대통령 권한을 내세워 정적들을 제압하는 데 망설임이 없었다.
1993년 옐친은 노골적으로 선동적인 공산주의자들이 장악하고 있는
러시아 의회를 향해 탱크 포격을 명령한다(이는 의회를 해산시키려는 위헌적인
행동이었으며, 그 결과 새로운 의회 선거가 실시됐다). 그리고 1994년에도
체첸 공화국 독립을 저지하기 위해 군사 작전을 시행한다.

옐친은 성장을 옥죄고 나라를 빈곤의 늪에 빠뜨린 과거 소련의 중앙집권적인 통제 경제 정책으로
귀환하는 일은 없을 것이라 장담했다. 그러나 그의 경제 정책이 늘 바람직한 결과를 가져온 것은 아니었다.

1992년에 옐친은 민영화 부양 정책으로 무료 쿠폰
프로그램을 실시한다. 엄선된 국영기업의 주식을 사는
데 사용할 수 있는 쿠폰(1만 루블어치)이 모든 시민들에게
발급되었다. 그러나 몇 달 사이에 기업의 내부 관계자들이
시민들에게 현금을 주고 쿠폰 대부분을 사들였다.

평범한 보통의 러시아인들은 얻은 게 아무것도 없었다. 이 프로그램으로 이득을 본 사람들은 오로지 내부 관계자들과 금융업자들뿐이었다. 그들은 쿠폰을 사들여 시장 가치의 일부에 지나지 않는 헐값에 굵직굵직한 국영기업의 지배권을 얻었다.

1995년에 또 한 번 비슷한 일이 벌어진다. 옐친은 늘어나는 러시아의 채무를 갚느라 고전하고 있었고, 1996년에 있을 대선에 앞서 기업가들의 호감을 사야만 했다. 그래서 옐친은 또 다른 민영화를 준비하며 재선을 위한 선거 자금을 충당하기 위해 금융 대출을 받고 그 대가로 주요 국영기업들 일부의 지분을 나눠주겠다고 제안한다.

사실상 이는 국가 자산을 금융, 산업, 에너지와 통신 분야의 소수 재벌 기업들에게 거의 공짜로 넘겨주는 것이나 다름없었다. 이로써 올리가르히라고 알려진 벼락부자들이 생겨났고, 이들이 러시아의 천연자원들을 불법으로 점유하게 된다.

보리스 옐친은 1996년에 실시된 대통령 선거에서 재선에 성공한다.

그의 두 번째 임기는 체첸 전쟁과 건강 문제, 옐친을 탄핵하려는 시도(실패했다)와 알코올중독으로 인한 변덕스러운 행동으로 점철되었다.

1996년 11월에는 긴급 심장 수술을 받고 몇 달간 병원에 입원하기도 했다.

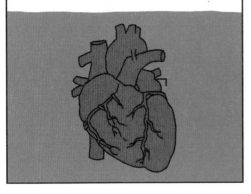

러시아 국내 정치는 계속 혼란했다. 옐친은 이 기간에 총리를 네 번 갈아 치운다.

1998년에는 내각 전체를 해임했는데…

꺼져!

대부분이 재임명됐다.

돌아와!

해가 갈수록 옐친은 점점 더 술에 절어 불안정한 리더의 모습을 보였다.

옐친은 자서전 《미드나잇 다이어리스Midnight Diaries》에서 손쉬운 스트레스 해소 방법으로 술을 가까이했다고 말했다.

촉망받던 정치인은 어느새 사라지고 비틀거리고 당혹스러운 모습으로 희화된다.

그런 옐친에게 필요했던 것은 대통령직에서 물러난 후 부패 혐의를 피할 수 있는 확실한 후계자였다.

측근들을 살피던 옐친의 눈에 블라디미르 푸틴이 들어온다.

옐친은 푸틴이 다른 보좌관들과 다르다는 점을 기억했다. 푸틴은 러시아와 세계에 대한 자신의 비전을 제시하려 하지 않았고 옐친과 말을 섞기 위해 애를 쓰지도 않았다. 그래서 옐친은 오히려 그와 더 얘기를 나누고 싶어졌다.

1998년, 푸틴은 KGB의 후신인
러시아연방보안국FSB의 국장이 된다.

1999년, 옐친은 푸틴을 총리로 임명한다.

그해 12월 옐친은 텔레비전 생방송으로 사임을
발표하고…

총리인 블라디미르 푸틴을 대통령 권한대행으로
지명한다.

푸틴이 대통령 후보가 된 것에 분노한
마리나 살예는 공개적으로 의견을 밝힌다.

그녀는 설득력과 통찰력이 있는 글로 푸틴을
공격했고, 부패와 올리가르히와의 유착을
지적하고 비난했다.

그러나 그녀는 자신이 소외당했음을 알게 된다. 우익자유주의연합 모임에서 100명이 넘는 사람 중 푸틴에
반대하는 표를 던진 사람은 오로지 그녀와 옐친의 첫 번째 총리였던 예고르 가이다르뿐이었다.

살예는 또 다른 자유주의 정치인 세르게이
유센코프와 연합하려 했다. 유센코프는 민주주의와
자유 시장 경제 개혁 및 인권 옹호 시위로 유명한
인물이었다.

그런데 그녀가 유센코프의 사무실을 방문했을 때
어떤 남자가 있었다. 몇 년이 지난 후에도 그녀는
그의 정체를 알 수 없었다.

살예는 그 남자가 거기서 뭘 하고 있었는지, 그녀가 도착했을 때 유센코프가 그를 왜 내보내지 않았는지 알 수 없었다.

그녀와 유센코프가 할 얘기가 사적인 내용이었음에도 남자는 자리를 비키지 않았고, 살예는 유센코프가 그를 내보낼 수 없는 상황이었다고 결론지었다.

정체불명의 남자가 살예에게 어떤 협박을 했는지는 알 수 없지만 살예는 그날 이후 종적을 감췄다. 그녀는 멀리 떨어진 외딴곳으로 이사를 하고 이후 10년간 어떤 기자와도 만나지 않았다.

세르게이 유센코프는 푸틴을 지지하는 동료들에게 반대하며 의회의 자유주의 파벌을 탈퇴한다.

2003년 4월 17일, 유센코프는 모스크바 북쪽에 있는 자신의 아파트로 걸어가다가…

가슴에 총알 여러 발을 맞는다….

푸틴의 멘토이자 전 상트페테르부르크 시장인 아나톨리 솝차크는 어떻게 됐을까?

1999년 여름, 솝차크는 자신의 전 보좌관이 권력을 잡았다는 사실에 고무되어 이제는 기소당하지 않을 것이라고 믿어 의심치 않았고…

파리 망명 생활을 끝내고 러시아로 돌아온다. 푸틴은 자신의 전 상사에게 대변인의 권한을 부여한다.

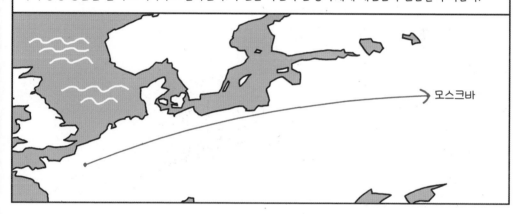

모스크바

그에게 주어진 임무는 전국을 돌아다니며 푸틴의 선거운동을 하는 것이었다. 여기서 솝차크가 푸틴이나 푸틴의 동료들에게 반감을 샀을 가능성이 있다.

한 신문 기사에서 솝차크는 상트페테르부르크에 있던 KGB와 다른 법 집행부들이 그 항구도시를 장악했다고 비판하며 배후자들 모두 감옥에 가야 마땅하다고 주장했다.

2000년 2월, 푸틴은 솝차크에게 칼린그라드에서 선거운동을 해달라고 요청한다. 전 시장은 경호원을 겸하는 두 명의 비서와 함께 칼린그라드로 향한다.

칼린그라드

2월 20일, 솝차크가 칼린그라드 외곽에 있는 리조트타운의 한 모텔에서 사망한다. 공식적인 사인은 심장마비였다.

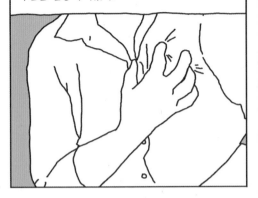

칼린그라드 검찰청은 타살의 가능성을 염두에 두고 조사를 시작했다. 조사는 아무런 성과 없이 금세 종료되었다.

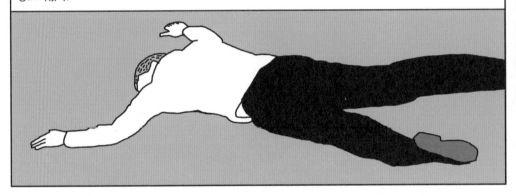

범죄 과학수사 전문가 출신의 조사 전문 기자인 아르카디 바크스베르그가 이 사건을 파고들었고, 영문을 알 수 없는 사실을 알아낸다.

솝차크의 사망에 이어 건강한 젊은이였던 두 명의 경호원이 가벼운 중독으로 치료를 받았다는 것이었다.

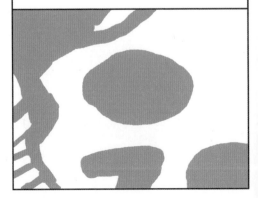

바크스베르그는 이를 근거로 솝차크의 죽음이 자연사가 아니라 정부 살인이라고 생각하게 된다. 그런 경우 상사가 살해당하면 옆에서 보좌하던 경호원이나 비서들도 병이 나는 경우가 적지 않았기 때문이다. 2007년 바크스베르그는 소련과 러시아에서 일어난 정치적 독살의 역사를 다루는 《톡식 폴리틱스Toxic Politics》라는 책을 출간한다.

그 책에서 바크스베르그는 누군가 침대 옆 램프의 전구에 발라놓은 독 때문에 솝차크가 사망했다는 의견을 제시했다. 램프를 켜면 그 물질이 과열되어 증발하면서 퍼진다는 것이었다.

책이 출간된 지 몇 달 후, 바크스베르그의 차가 폭발하는 사건이 벌어졌다. 다행히 그는 차에 타고 있지 않았다.

1999년 9월 4일과 16일 사이. 러시아의 도시 부이낙스크와 모스크바, 볼고돈스크에 있는 아파트 단지 네 곳에서 폭탄이 터져 300명 이상이 죽고 1000명이 넘는 부상자가 발생한다. 온 나라가 두려움에 떨었고 체첸 분리주의자들의 소행이라는 주장이 제기됐다.

9월 22일에는 또 다른 도시 랴잔의 한 아파트 단지에서 앞선 아파트 폭발 사건에 사용된 것과 비슷한 모양의 수상한 장치가 발견되어 제거하는 소동이 벌어진다.

다음 날 대통령 권한대행 블라디미르 푸틴은 랴잔 주민들의 경계심을 높이 평가하며 칭송했고 체첸의 도시 그로즈니에 공중폭격을 지시했다.

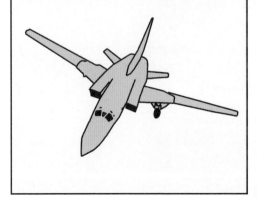

그러나 보이는 것이 다 진실은 아니었다. 랴잔에 폭탄을 설치한 남자 두 명과 여자 한 명이 체첸의
테러리스트가 아니라 소련 시대 KGB의 후신 기관 중 하나인 FSB 소속임이 밝혀졌다. 이 요원들이 지역
경찰에 체포되자 FSB 국장 니콜라이 파트루셰프는 폭탄은 가짜였으며 훈련의 일환으로 랴잔에 설치한
것이라고 해명했다.

그러나 실험 결과 폭탄에서 헥소겐 양성반응이 나왔다. 아파트 네 곳의 폭발에 사용된 것과 동일한 폭발
물질이었다. 이러한 의혹들로 인해 아파트 폭발 사건이 사실은 "위장술책" 공격이라는 주장이 제기됐다.
체첸에서의 군사 작전 재개를 정당화하고 블라디미르 푸틴과 FSB가 권력을 장악하기 위해서 FSB가
저지른 짓이라는 것이다.

2000년 5월 7일, 블라디미르 푸틴이 대통령에 취임한다.

푸틴 행정부는 들어서자마자 지금까지 러시아에 진행된 민주적인 개혁을 거꾸로 되돌리기 시작한다.

취임식 4일 후 무장 경찰들이 미디어 제국을 소유한 재벌 블라디미르 구신스키의 사무실을 습격한다.

구신스키는 TV 채널 중 하나인 NTV를 소유하고 있었는데,

가장 왕성한 푸틴 비판 채널이었다.

NTV의 주간 정치 풍자 쇼인 <쿠클리Kukly> 혹은 <퍼페츠puppets>*는 푸틴을 이미 만들어진 갑부들의 왕국을 아무 노력 없이 물려받은 E.T.A. 호프만의 이야기 속 볼품없는 난쟁이로 묘사했다. 또한 NTV는 FSB가 선거에 영향을 주기 위해 아파트 단지 폭발 사건을 주도했을 가능성에 대해 심도 있는 조사에 착수하여 크렘린의 분노를 샀다.

* 1980~1990년대에 꼭두각시 인형들로 유명인사를 대변하던 영국의 풍자 쇼 <스피팅 이미지Spitting Image>에서 영감을 받은 프로그램.

그 결과 NTV 소유주인 블라디미르 구신스키는 날조되었을 가능성이 있는 횡령죄로 감옥에 갇혔고,

결국에는 자신이 소유한 모든 미디어의 지분을 포기하고 러시아를 떠났다.

취임식 10일 후 푸틴은 러시아 지방 주지사들의 권한을 억제하는 새 계획안을 발표한다.
선출된 주지사들이 크렘린에 반대하여 연합하는 일이 발생하지 않도록 막는 수단이었다.

상정안은 주지사가 연방의회의 상원인 연방평의회의 의원직을 겸직하지 못하게 막았고,
기소 면책권 역시 박탈했다.

권력을 집중화하려는 이러한 시도 때문에 푸틴과 그의 행정부는 가장 강력한 러시아 올리가르히 중의
하나인 보리스 베레좁스키와 갈등을 빚게 된다.

베레좁스키는 1990년대 시행된 국영 자산 민영화 정책으로 막대한 부를 축적한 인물이다.
그는 다양한 자산을 장악하여 재산을 형성했다. 러시아의 주요 텔레비전
채널인 ORT(제1채널)도 그의 소유였다. 1997년 〈포브스〉는
베레좁스키의 재산을 30억 달러로 추정했다.

베레좁스키는 대통령이 제안한 헌법 개정안을 비판했다. 러시아 의회의 하원 두마Duma의 의원이기도 한 베레좁스키는 일간지 <코메르산트Kommersant>에 실린 푸틴에게 보내는 공개서한에서 대통령의 입법 계획에 반대표를 던질 것이라고 말했다.

그는 푸틴의 개정안이 국가의 구조 변경을 목적으로 하고 있으며 러시아의 영토 보전과 민주주의를 위협한다고 믿었다.

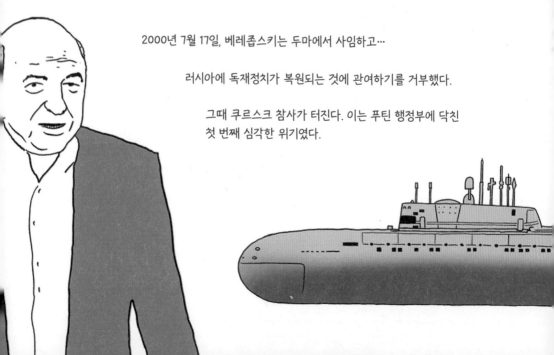

2000년 7월 17일, 베레좁스키는 두마에서 사임하고…

러시아에 독재정치가 복원되는 것에 관여하기를 거부했다.

그때 쿠르스크 참사가 터진다. 이는 푸틴 행정부에 닥친 첫 번째 심각한 위기였다.

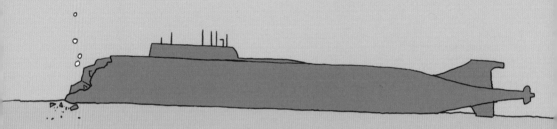

2000년 8월 12일, 오스카 II급 핵 잠수함 쿠르스크가 폭발 사고로 바렌츠해에 침몰한다. 10여 년 만에 처음으로 실시된 중요한 러시아 해군 훈련 중에 벌어진 일이었다. 승조원 188명 대부분이 즉사했다.

생존자 23명은 폭발의 영향이 미치지 않은 잠수함 뒤쪽으로 피신해 구조를 기다렸다. 노르웨이와 영국팀이 구조 지원을 제안했지만 거절당했다. 러시아가 자국 핵 선단의 상태가 노출되는 것을 꺼린 탓이었다.

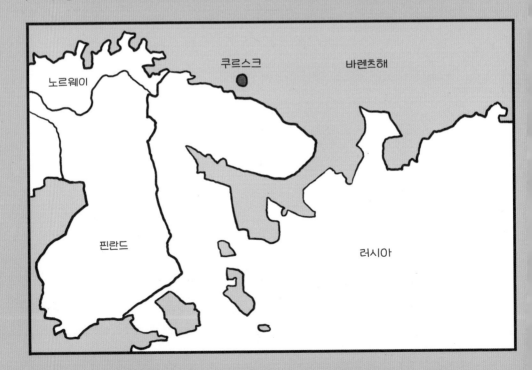

쿠르스크는 다른 배 여러 척에서 차출한 충분히 훈련받지 못한 미숙한 선원들을 태우고 항해에 나섰다. 잠수함에는 훈련용 어뢰들이 실려 있었는데 일부는 유효기간이 지났고, 나머지는 적절한 점검을 받지 못한 상태였다. 사고는 이들 어뢰 중 하나에 불이 붙어 폭발하며 일어났다.

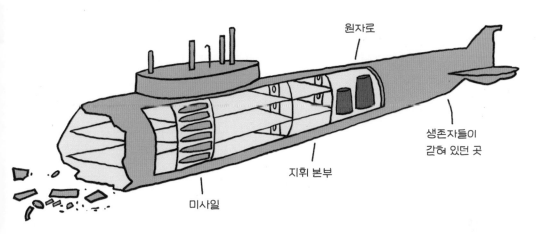

이후 나흘 동안 러시아 해군은 계속해서 침몰한 잠수함의 탈출구에 4개의 잠수종과 잠수정을 결합하려 시도했다. 그러나 번번이 실패로 돌아갔다. 침몰 후 열흘이 지나서야 영국과 노르웨이의 잠수부들이 푸틴의 허가를 받고 잠수함에 들어갔다. 생존자는 없었다. 생존자들이 모여 있던 9번 격실에 물이 차서 아무도 버티지 못했다. 너무 늦었던 것이다.

이 모든 일이 벌어지는 동안 푸틴은 어디에 있었을까? 그는 흑해 연안의 소치 근처 여름 별장에 있었다. 베레좁스키의 채널 ORT는 햇볕에 그을리고 느긋한 모습의 푸틴이 밝은 색깔의 가벼운 휴가 복장으로 제트스키를 타고 있는 모습을 방영했다. 해군이 잠수함이 침몰했다는 사실은 인정하되 정확한 사고 경위에 관해서는 책임을 회피하며 얼버무리는 동안 푸틴은 침묵을 지켰다.

참사가 일어나고 일주일이 지날 때까지 푸틴은
모스크바로 돌아오지 않았다.

돌아온 후에도 사흘간 공식 석상에 나타나지
않다가…

북극권 한계선 위쪽의 군사 도시이자 쿠르스크의
소속 항인 비디야예보를 방문한다.

여기서 푸틴은 분노하고 슬픔에 잠긴 쿠르스크
잠수함 참사 유족들을 맞아 2시간 이상 대화를
했다. 그들은 분노를 억누르지 않고 푸틴에게
쏟아냈다.

외국의 도움을 받는 데 왜 그렇게 오래 걸렸습니까?

푸틴은 충격을 받고 심란한 상태로 모임에서
빠져나왔고 다시는 그런 상황에서 대중과 직접
만나지 않겠다고 다짐한다.

그는 수년간의 자금 부족으로 쇠락해진 한심한
해군이 구조 작전에서 실수한 것이라고 비난하며
책임을 떠넘겼다.

푸틴은 언론에서 묘사하는 자신의 모습에 격분했고 올리가르히들을 일제 단속해 정치적 권력을 제한하겠다고 언명했다.

푸틴은 방송계에 종사하는 사람들이 지난 10년간 러시아 군대를 파멸시키려 애를 써왔다고 주장했다. 또 그들이 군대를 옹호하는 것처럼 보이지만 사실은 박살 내고 싶어 하며, 수십억 달러를 빼돌려 그 돈으로 정치인들을 매수해서 자신들에게 유리한 쪽으로 법을 만들려 한다고 비난했다.

10월 중순, 검찰은 베레좁스키가 일부 지분을 소유하고 있는 러시아 국영 항공사 아에로플로트에서 스위스에 있는 회사로 수억대의 돈을 빼돌리고 있다는 혐의에 대한 조사를 재개했다.

베레좁스키는 즉시 러시아를 탈출해 구신스키처럼 망명했다.

베레좁스키는 푸틴과 그의 협력자들 때문에 어쩔 수 없이 정치범으로 투옥되거나 정치적 망명자 신세가 되는 것 중 하나를 선택할 수밖에 없었다며 한탄했다.

베레좁스키는 채널 ORT의 지분을 또 다른 올리가르히인 로만 아브라모비치에게 팔았고, 아브라모비치는 즉시 그 주식을 나라에 되팔았다.

푸틴이 권력을 잡은 지 1년도 채 안 되어 국가가 연방 네트워크 3곳 모두를 장악했다.

2002년 10월 23일, 러시아에 테러가 발생한다.

40명이 넘는 체첸 전사들이 모스크바에 있는 두브로브카 극장(크렘린에서 고작 5.6킬로미터 거리)에 들이닥쳐 허공에 자동소총을 난사했다. 인기리에 공연 중인 러시아의 새 뮤지컬 <노르드-오스트Nord-Ost>의 2막이 시작되며 탭 댄서들이 막 무대 위로 나오려던 참이었다. 극장 안에 있던 912명이 모두 인질로 붙잡혔다.

체첸에서 가장 유명한 반군 중 한 사람의 조카 모프사르 바라예프가 이끄는 체첸 반군들은 1999년 아파트 단지 폭발 사건 이후 계속해서 러시아가 체첸에서 벌이고 있는 전쟁을 끝낼 것을 요구했다.

체첸 반군들은 극장 건물에 폭탄을 설치했다.

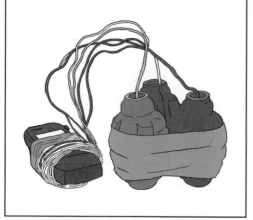

'검은 미망인들'이라고 알려진 여성들은 몸에 폭탄을 감은 채…

인질들 사이 사이에 자리 잡았다.

우리는 알라의 길을 따르는 겁니다. 우리가 여기서 죽는다고 해도 그것이 끝은 아닙니다.

10월 24일 이른 아침, 26세의 향수 판매점 직원인 올가 로마노바라는 여성이 용케 경찰의 저지선을 피해 몰래 극장 안으로 들어갔는데,

거기서 그녀가 테러리스트들과 협상을 시도 했다느니, 인질들에게 억류자들과 맞서 싸우라고 부추겼다느니 서로 엇갈린 진술이 전해진다.

그녀는 총에 맞아 숨졌다.

포위전은 3일간 이어졌다. 마침내 특수부대가 투입된 것은 10월 26일 토요일 새벽, 동이 트기 직전이었다.

정체불명의 가스가 극장의 통풍 시스템을 통해 공연장 안으로 퍼졌다. 가스 냄새를 맡은 사람들은 공포에 질렸다.

인질로 잡혀 있던 일간지 <모스콥스카야 프라우다Moskovskaya Pravda>의 기자인 안나 안드리아노바가 라디오 프로그램인 에코 오브 모스크바의 스튜디오에 전화를 걸었고…

생방송으로 진행된 인터뷰에서 말했다.

제발 우리에게 기회를 주세요. 할 수 있는 건 다 동원해주세요! … 이게 무슨 가스인지 모르겠지만 (체첸인들이) 동요하고 있어요.

우리 눈에도 보이고, 느낄 수 있어요. 모두 옷으로 코를 막고 간신히 숨 쉬고 있어요…. 밖에서 들어온 가스예요. 우리 정부가 결정을 내린 거예요. 누구도 살아서 이곳을 나갈 수 없다고 결정한 거예요.

이때 사용된 가스는 진통제로 널리 쓰이는 강력한 오피오이드(마약성 진통제)인 마취성 펜타닐의 한 종류였다고 한다.

테러리스트들이 의식을 잃고 쓰러지게 해 인질들이 풀려나게 하려는 목적이었지만, 계획은 처참하게 꼬이고 만다.

가스 때문에 인질들이 의식을 잃었고 반란군은 일부만 쓰러졌다.

가스가 유입되고 30분 후 특수부대가 극장 건물 안으로 진입하며 공격이 시작됐다.

치열한 전투 끝에 특수부대는 반군들을 사살했다.

가스 때문에 의식을 잃고 쓰러진 반군들도 그 자리에서 총살됐다.

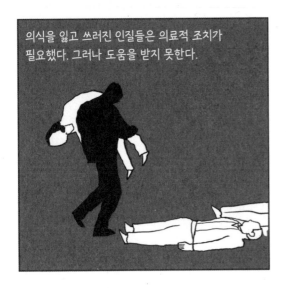

의식을 잃고 쓰러진 인질들은 의료적 조치가 필요했다. 그러나 도움을 받지 못한다.

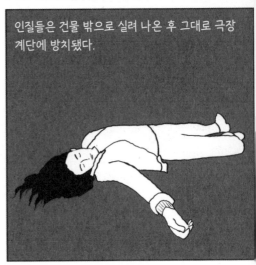

인질들은 건물 밖으로 실려 나온 후 그대로 극장 계단에 방치됐다.

정신이 들 때까지 회복 자세를 취해 옆으로 누워 있어야 했지만 똑바로 눕혀졌고, 그 탓에 많은 사람들이 의식을 되찾지 못하고 자신의 구토물에 기도가 막혀 질식사했다. 90분이 지나서야 구급차가 도착했으나 가스중독 사상자들을 처치할 만한 기구가 갖춰져 있지 않았다. 당국은 어떤 가스인지조차 밝히지 않았다.

사망한 인질들의 숫자에 대해 서로 다른 리포트가 나왔지만 적어도 130명 이상이었다. 대부분이 가스중독으로 목숨을 잃었다.

무장한 테러리스트들이 어떻게 모스크바 중심까지 들어올 수 있었는지에 대한 의문과 특수부대의 서투른 대응 방식에 대한 의혹들은 포위전의 여파로 거의 무시되었다.

대다수 사람들은 그저 사망자 수가 많지 않다는 말만 듣고 안심했다.

푸틴의 인기도는 급상승했고 2004년 재선에서도 쉽게 승리한다.

러시아는 체첸에서의 군사 작전의 강도를 높였고…

체첸의 리더 아슬란 마스하도프와의 평화협상도 끝이 난다.

러시아가 다시 장악하려고 시도한 구소련 공화국이 체첸만은 아니었다.

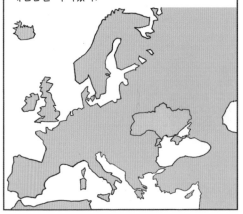

우크라이나는 러시아와 카자흐스탄 다음으로 세 번째로 큰 소련 공화국이었고, 우크라이나 인구 30퍼센트의 모국어는 러시아어였다.

러시아
우크라이나
루마니아
흑해

우크라이나는 전략적 요충지였다. 러시아에서 유럽으로 수출하는 가스의 85퍼센트가 우크라이나의 파이프라인 네트워크를 통해서 수출되었고,

흑해에 있는 우크라이나의 크름반도(크림반도)는 여전히 러시아 해군기지의 모항이었다.

그러나 우크라이나는 분열 상태였다. 일부 서구 지향 정치인들은 궁극적인 EU 가입을 적극 지지했는데, EU 가입은 푸틴이 절대 용납할 수 없는 결과였다.

우리한테 들어와.

좋지.

거기 당장 멈춰.

빅토르 유셴코는 서구 세계를 지지하는 골칫거리 우크라이나 정치인 중 한 명이었다.

유셴코는 1990년부터 1993년까지 우크라이나 은행 이사회의 제1부의장을 지냈고, 이때 1996년에 시작된 새로운 통화 흐리우냐 도입을 감독했다.

1999년, 유셴코는 당시 우크라이나 대통령 레오니드 쿠치마에 의해 국무총리로 임명된다. 여러 분석가는 우크라이나가 긴 경제 침체에서 빠져나오는 데 유셴코의 역할이 컸다고 평가한다.

그러나 2001년에 쿠치마는 갑작스럽게 유셴코를 해임한다. 인지도가 상승하고 있던 유셴코는 이에 대응해 폭넓은 민주적 연합 정당 '우리 우크라이나'를 결성했고,

'우리 우크라이나' 당이 그해 말 치러진 의회 선거에서 승리를 거두며 유셴코가 대선에 도전할 수 있는 확실한 발판이 만들어진다.

모스크바를 우려한 유셴코는 나토 가입 추진 등 서유럽과 긴밀한 관계 형성에 나선다.

들어와.

빅토르 유셴코의 대선 경쟁 후보는 또 다른 빅토르, 즉 신임 국무총리인 빅토르 야누코비치였다. 그는 푸틴의 강력한 지지를 받고 있었다.

2004년 9월 초, 유셴코는 우크라이나 보안국SBU 국장 이호르 스메쉬코와 그의 보좌관 볼로디미르 스타시우크와 저녁 식사를 했다.

다음 날 그는 몸에 이상을 느꼈고, 얼굴에는 지독한 낭종이 퍼졌다. 유셴코는 치료를 받기 위해 오스트리아로 향했고, 그곳에서 의사들에게 독성이 매우 강한 다이옥신 중독이라는 진단 결과를 받는다. 낭종 자국으로 뒤덮인 그의 얼굴은 흉측해졌다.

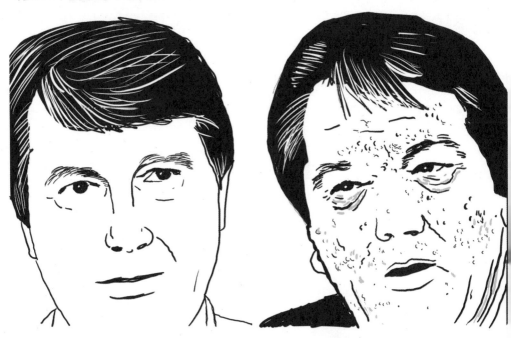

2009년 9월, 우크라이나 검찰은 스타시우크에게서 조사에 필요한 증언을 확보할 수 없다고 발표했다. 스타시우크가 이미 모스크바로 가서 러시아 시민권을 받아 강제 송환으로부터 보호받는 상태였기 때문이다.

유셴코는 다행히 다이옥신 중독에서 살아남았고, 훗날 오렌지 혁명으로 알려진 치열한 선거에서 승리를 거머쥐었다.

2004년 빅토르 유셴코 중독 사건이 일어난 때와 같은 달에 러시아에서 또 한 번 끔찍한 테러가 발생한다. 남부에 있는 마을 베슬란에서 벌어진 사건이었다.

러시아에서 새 학년이 시작되는 첫날(지식의 날)은 일종의 휴일로 학생들이 제일 좋은 옷을 입고 선생님께 드릴 꽃을 들고 등교한다.

오전 9시경, 베슬란의 어린이들이 개학식을 위해 학교 정문에 모여들었을 때 무장 테러리스트들이 경찰 트럭을 타고 나타났다. 그들은 학교를 점거하고 학부모와 어린이, 교사 등 통틀어 1100명이 넘는 인질을 붙잡는다. 습격 초반부터 몇 사람이 사살되었고, 시신은 학교 창문 너머로 던져졌다.

인질들은 좁은 체육관에 갇혔다. 체육관 벽에는 폭탄이 설치되었고, 허공에도 매달렸다.

이틀 동안 인질들은 아무것도 먹지 못했다. 지독한 무더위에도 물조차 마시지 못했다. 어린이들은 서로의 소변을 마시고 선생님을 위해 가져왔던 꽃을 먹었다.

테러리스트들은 인질들을 겁주기 위해 주기적으로 총을 쏘고 창가에 어린이들을 세워놓아 인간 방패로 사용했다.

루슬란 아우셰프는 아프가니스탄전 참전 용사이자 바슬란에 이웃한 잉구셰티아 공화국의 전 대통령이었는데…

혼자서 학교로 들어가 테러리스트들과 협상을 시도한다. 곧이어 26명의 엄마와 아기들이 풀려났다.

아우셰프도 어린이 한 명을 데리고 나온다.

포위전은 9월 3일 아침에 끝난다. 학교 안에서 폭발이 일어났고, 특수부대가 이끄는 군대가 학교 안으로 진입했다.

부대가 학교 안으로 진입할 때 많은 어린이가 반쯤 발가벗고 피를 흘리며 밖으로 뛰쳐나왔다. 어른들에 안겨 나온 아이들도 있었다. 폭발과 뒤이어 발생한 화재로 많은 인질이 목숨을 잃었고, 테러리스트들에게 사살되거나 포격과 총격이 난무한 치열한 교전 때문에 사망한 인질도 부지기수였다.

응급구조대가 불타버린 체육관의 잔해를 샅샅이 뒤져서 수백 명이 넘는 어린이와 어른들의 유해를 수습했다. 이 포위전에서 발생한 사망자 수는 어린이 186명을 포함해 총 330명이 넘었다.

불에 타서 알아볼 수 없을 만큼 훼손된 시신도 적지 않아서 자식의 생사를 확인하기 위해 DNA 조사 결과를 기다려야 하는 부모들도 있었다. 부상자 수도 700명을 웃돌았다.

특수부대는 총 32명의 테러리스트 중 한 명만 빼고 모두 사살했다.

의문이 남는다. 러시아 특수부대는 왜 학교를 공격하기 시작했나?

그리고 맨 처음 체육관에서 폭발이 일어난 원인은 무엇이었을까?

크렘린은 특수부대의 잘못은 전혀 없다는 내용의 공식적인 조사 결과를 발표했다.

그러나 무소속 두마 의원이자 무기와 폭발물 전문가인 유리 사벨예프는 독자적으로 조사를 진행한다.

그는 학교 밖에서 발사한 로켓탄이 체육관 안에서 일어난 첫 폭발의 원인일 수밖에 없다는 사실을 알아낸다. 그가 작성한 보고서는 협상이 진행 중이었음에도 특수부대가 사전 경고 없이 로켓 추진식 유탄을 발사했다고 결론짓는다.

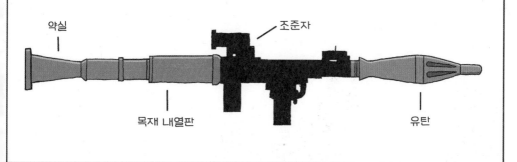

약실

조준자

목재 내열판

유탄

푸틴은 베슬란 공격 사건을 자신의 권력 굳히기에 이용한다.

사건이 발생한 지 10일 후 푸틴은 지방 주지사 선거를 폐지한다고 발표한다.

그 대신 크렘린에서 주지사를 임명한다는 것이었다.

대통령은 이것이 외부 위협에 대항해 더욱 견고한 체제를 만드는 방법이라고 주장했다.

푸틴은 베슬란 잔혹 행위를 저지른 테러리스트들처럼 러시아를 와해시키려는 적들의 추후 공격을 방지하기 위해 러시아가 더 강해져야 한다고 주장했다.

베슬린에 가서 포위전을 취재하려 한 기자가 있었다.
그녀의 이름은 안나 폴리콥스카야였다.

격주로 발행하는 독립신문
<노바야 가제타Novaya Gazeta>의 기자인
폴리콥스카야는 푸틴 대통령과
러시아 행정부에 대한 거리낌 없는
비판으로 잘 알려져 있었다.

그녀는 체첸에서 러시아와 체첸 양측이 벌이는 살인과 고문,
납치 사건들에 관한 보도로 국내외적으로 이름이 높았다.

그녀는 수년간 여러 차례 협박과 폭력을
당하면서도 전쟁에 관한 보도를 멈추지 않았다.

베슬란 학교 포위 사태에 관한 소식이 알려지자마자
폴리콥스카야는 북부 오세티야를 향해 출발하려고 했다.
그녀는 연속해서 세 번의 비행기 편을 예약했으나 모두
취소됐다. 마침내 간신히 러시아 남부에서 가장 큰
도시 로스토프로 향하는 비행기를 탈 수 있었다.
로스토프는 베슬란에서 약 640킬로미터나
떨어진 곳이었다. 그녀는 거기서부터 베슬란까지
차를 타고 갈 계획이었다. 폴리콥스카야는
과거에 살해 위협의 표적이 된 적이 있었기
때문에 기내 음식은 먹지 않기로 결심했다.

기내에서 요청한 것은 오직 차 한 잔이었는데…
10분 후 그녀는 의식을 잃는다.

비행기가 착륙했을 때도 그녀는 의식불명이었다.

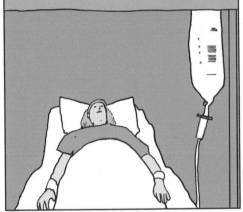

이틀 후 그녀가 모스크바의 한 병원으로 이송되었을
때 의사들은 독극물 중독이라고 진단했다.

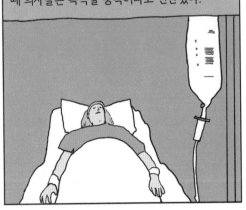

미공개된 독극물에 의해 그녀의 신장과 간,
내분비 체계는 심각한 손상을 입었다. 그녀는
몇 달이나 걸려 겨우 회복했으나 건강을 완전히
되찾지는 못했다.

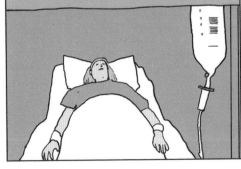

그로부터 2년 후인 2006년 10월 7일 토요일, 안나 폴리콥스카야는 모스크바 중심가에 있는
자신의 아파트 건물 엘리베이터에서 총에 맞아 숨진다. 아주 가까이에서 쏜 총에 가슴에 두 발,
어깨에 한 발 그리고 머리에 한 발을 맞았다.

그날은 푸틴의 54번째 생일이었다.
많은 사람이 폴리콥스카야 살인이 그를
위한 생일 선물일 것이라고 생각한다.

폴리콥스카야가 묻히기 전, 1000여 명의
조문객들이 그녀에게 조의를 표하며
관 옆으로 줄지어 지나갔다.
폴리콥스카야의 동료 수십 명과 공인들,
그녀가 해온 일을 존경하는 사람들이
묘지에 모였다.

용의자는 제법 빠르게 검거되었지만 8년에 걸쳐 세 번의 재판을 받은 후에야 유죄 선고를 받았다.
2014년에 마침내 법정은 폴리콥스카야 살해죄로 두 명의 남자에게 종신형을 선고했고, 살해에 가담한
나머지 세 사람에게는 긴 형기를 선고했다. 살인 청부를 지시했거나 돈을 준 사람이 누구인지는 지금도
밝혀지지 않았다.

푸틴은 안나 폴리콥스카야 살인 사건이 발생한 뒤 3일이 지날 때까지 그녀의 죽음에 대해 공식적으로 아무런 언급도 하지 않았다. 그는 드레스덴에서 독일 총리 앙겔라 메르켈과 만나고 나서 여론에 처음으로 입을 열었다. 푸틴은 폴리콥스카야의 영향력을 대수롭지 않게 평했고 그녀가 살해된 것은 러시아 정부와 자신에게 모두 해가 되는 일이라며 자기가 그녀를 죽일 이유가 전혀 없다는 뜻을 내비쳤다.

그 기자가 현 러시아 정부를 맹렬히 비난한 건 맞지만 여러 기자들과 전문가들이 잘 알다시피…

그녀가 우리나라에 미친 정치적인 영향력은 별거 아니었어요.

폴리콥스카야는 기자들 사이에서 알려져 있고 인권 운동가들과 서구에도 이름이 알려졌는지 모르지만, 러시아의 정치권에 미친 그녀의 영향력은 아주 미미합니다. 그런 사람을, 더구나 여성이자 엄마인 그녀를 무자비하게 살해한 사건 그 자체가 우리나라에 대한 공격입니다. 이 살인 사건은 지금까지 그녀가 보도했던 어떤 기사들보다도 러시아와 러시아 현 정부, 체첸 현 정부에 더 많은 손상을 입혔어요.

러시아의 저널리스트는 매우 위험한 직업이다. 저널리스트 보호 위원회와 글라스노스트(개방) 수호 재단에 따르면 2000년 이후 살해당하거나 의심적은 상황에서 목숨을 잃은 러시아 저널리스트들이 수십여 명에 이른다고 한다.

2009년 11월, 독립 방송인 올가 코톱스카야는 오랜 법정 투쟁 끝에 마침내 자신의 카스카드 지역 텔레비전 채널을 되찾는 데 승리했으나 바로 다음 날 14층 창문에서 떨어져 숨졌다.

<힘키|Khimki> 신문 설립자이자 편집자인 미하일 베케토프는 모스크바 근처에 있는 힘키 숲을 관통하는 정부의 고속도로 건설 계획에 반대는 캠페인을 펼친 인물이다.

2008년 11월 3일, 베케토프는 자기 집 밖에서 괴한 두 명에게 습격당한다. 그들은 철봉으로 베케토프를 가격해 두개골을 함몰시키고 손과 다리를 으스러뜨렸다.

그는 심각한 뇌 손상을 입어 말을 할 수 없게 됐고, 왼쪽 손가락을 거의 다 잃었으며 오른쪽 다리는 절단했다.

베케토프는 5년 뒤 사망한다. 그를 공격한 괴한들의 정체는 끝내 밝혀지지 않았다.

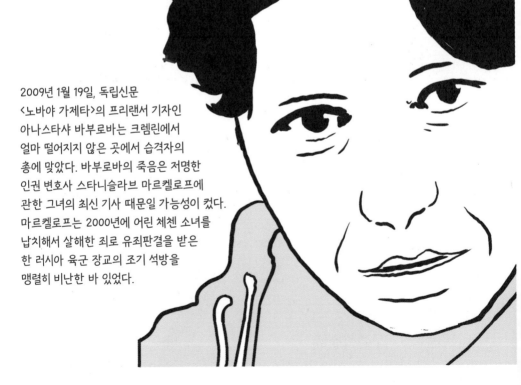

2009년 1월 19일, 독립신문 <노바야 가제타>의 프리랜서 기자인 아나스타샤 바부로바는 크렘린에서 얼마 떨어지지 않은 곳에서 습격자의 총에 맞았다. 바부로바의 죽음은 저명한 인권 변호사 스타니슬라브 마르켈로프에 관한 그녀의 최신 기사 때문일 가능성이 컸다. 마르켈로프는 2000년에 어린 체첸 소녀를 납치해서 살해한 죄로 유죄판결을 받은 한 러시아 육군 장교의 조기 석방을 맹렬히 비난한 바 있었다.

마르켈로프 변호사와 바부로바 기자는 기자회견이
열렸던 프레스 센터를 막 나서는 길이었다. 습격자는
소음기가 달린 권총으로 마르켈로프의 뒷머리에 총을
발사했고 살인자를 막으려던 바부로바 역시 총에 맞았다.
신나치주의자 세 명이 살해범으로 유죄판결을 받았다.

이런 모든 살인 사건이 러시아 정부와 연관된 것은 아니다. 하지만 크렘린 입장에서 비판적인 저널리즘은
용납할 수 없는 것이기 때문에, 정부에 비판적인 언론인들에게 끔찍한 폭력을 행사하도록 사람들을
부추기는 효과가 있는 것은 분명하다.

기자들은 용감하게 위험을 무릅써야만
러시아 당국이 저지른 범죄를 폭로할 수 있다.
그랬다가는 해고되거나 괴롭힘을 당하고,
배신자라고 불리거나 살해당하기 때문이다.

그래서 푸틴과 그의 크렘린 일당들은 계속해서 나라를
약탈하면서도 언론을 조금도 두려워하지 않는다.

크렘린의 최대 표적은 러시아의 최고 부자인 미하일
호도르콥스키였다. 그는 옐친 시대에 논란이 많았던
소련 국영 자산의 사유화 과정에서 막대한 부를 축적한
올리가르히다. 〈포브스〉는 그의 재산을 150억 달러 이상으로
추정했다.

호도르콥스키는 충성스러운 소련 공산당 당원으로 출발했고,

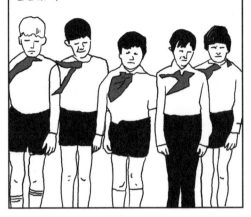

공산당 청년 동맹(콤소몰)의 보호를 받으며 컴퓨터 수입 사업체를 운영했다.

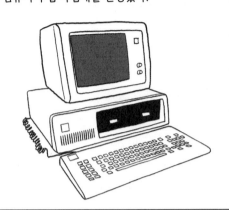

소련이 해체되기 4년 전인 1987년에 메나타프를 설립했는데 후에 러시아의 첫 민간 은행 중 하나가 된다.

1990년대에 이 은행은 나라에서 헐값에 넘긴 회사들의 주식을 쓸어 담았는데,

나중에 검찰은 이 은행이 대행업체들을 이용해 불법으로 주식을 취득했다고 주장했다.

1995년, 호도르콥스키는 국영 석유·가스 회사인 유코스를 3억 5000만 달러라는 헐값에 사들인다.

소련이 붕괴하자마자 러시아 전체에서 생산하는 석유통 5개 중 1개가 유코스의 기름일 정도로 회사는 번창했고, 두 번째로 큰 석유 회사가 되었다.

1990년대 옐친 정권하에서 승승장구한 호도르콥스키는 심지어 에너지 및 석유 담당 부장관까지 지낸다.

호도르콥스키

그러나 일단 푸틴이 대통령이 되자 그의 잔혹한 독재주의 체제와 마찰을 피할 수 없었다.

호도르콥스키는 크렘린이 다시 눈독을 들이는 대규모 석유·가스 자원을 소유하고 있었다.

그뿐만 아니라 정치에도 개입했다. 호도르콥스키는 푸틴에 반대하는 거의 모든 정당에 정치자금을 댔다.

2003년 10월, 호도르콥스키는 사기죄 혐의로 체포되었다. 뒤이어 정부는 탈세 혐의로 유코스의 주식을 동결했다.

러시아의 다른 백만장자들은 그 후 며칠 사이에 일사천리로 검찰이 호도르콥스키가 소유한 150억 달러 상당의
유코스 주식을 몰수하는 것을 지켜보며 경악한다.

호도르콥스키의 재판은 2005년까지 계속되었고, 그에게 제기된 일곱 가지 혐의 중 여섯 개에 유죄판결이
내려지고 9년 형이 선고됐다(나중에 8년으로 감형됐다).

2007년, 호도르콥스키가 가석방을 신청할 수 있는 시점이 되기 직전에 횡령과 자금세탁에 관한 추가 기소로
그의 형량에 7년이 추가됐다.

왜 호도르콥스키는 블라디미르 구신스키와 보리스 베레좁스키처럼
러시아를 탈출하지 않았을까? 감옥에서 석방된 후 얼마 지나지 않아
호도르콥스키는 그 이유를 이렇게 밝혔는데…

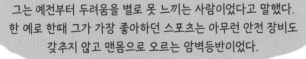

그는 예전부터 두려움을 별로 못 느끼는 사람이었다고 말했다.
한 예로 한때 그가 가장 좋아하던 스포츠는 아무런 안전 장비도
갖추지 않고 맨몸으로 오르는 암벽등반이었다.

그는 자신이 공포감을 극복해서가 아니라 애초에 공포감이 없었다고 설명했다. 수감 기간 내내 그는 잠도 잘 잤다.

심지어 다른 죄수가 칼을 들고 그를 공격한 다음에도 자신의 침대로 돌아가서 푹 잤다고 한다.

자기가 생각해도 이상할 정도였다. 사람들은 누군가 뒤에서 칼로 찌를까 봐 걱정되지 않았냐고 물었다.

그러나 그는 그저 두렵지 않았을 뿐이다.

호도르콥스키는 2013년 12월에 석방됐다. 그는 러시아를 떠나 지금은 런던에서 망명 생활을 하고 있다.

그러나 푸틴을 비판한 다른 사람들은 그렇게 쉽게 풀려나지 않았다.

알렉산더 리트비넨코

알렉산더 리트비넨코는 1962년 보로네시에서 태어났다.

1980년에 내무부에 소속된 부대에서 군 복무를 시작했으며 8년 후 KGB로 옮겼고,

승진을 거듭해서 1990년대에 KGB가 FSB로 바뀌었을 때는 중령이었다.

여기서 푸틴이 그의 상사가 된다. 그러나 두 사람은 FSB 내의 부패에 대해 의견이 달랐다고 전해진다.

1998년 리트비넨코는 올리가르히인 보리스 베레좁스키를 없애려는 암살 계획이 존재한다고 주장했고,

그 직후 직권 남용 혐의로 체포되었다. 그는 9개월 동안 구치소에 갇혀 있다가 무죄로 풀려났다.

리트비넨코는 FSB를 떠난 후 러시아 태생 미국인 역사학자 유리 펠슈틴스키와 함께 책을 저술했는데,

그 책에서 저자들은 1999년에 벌어진 아파트 단지 폭발 사건의 책임이 FSB 요원들에게 있다고 주장했다.

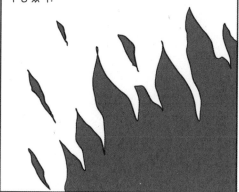

2000년(푸틴이 대통령에 당선된 해) 리트비넨코는 가족들을 데리고 영국으로 탈출하며 박해를 받았다고 주장했고, 망명 신청은 받아들여졌다. 그는 런던에서 러시아 조직범죄 전문가로 MI6에 고용되었다.

2006년 11월 1일, 리트비넨코는 런던의 밀레니엄 호텔 내 '파인 바'에서 러시아 남자 두 명과 만난다. 전직 KGB 요원인 드미트리 코브툰과 안드레이 루고보이였다.

그러고 나서는 런던 피커딜리에 있는 '잇추 스시 바'에서 이탈리아 학자 마리오 스카라멜라를 만났는데,

이때 리트비넨코는 3주 전 살해당한 안나 폴리콥스카야의 죽음에 관한 정보를 전달받았다고 한다.

알렉산더 리트비넨코가 미처 몰랐던 것이 있었다. 루고보이와 코브툰이 그에게 독을 먹였다는 사실이다. 그들은 리트비넨코와 만날 때 찻주전자에 고도의 방사성 동위원소인 폴로늄-210을 탔다.

FSB가 직접 블라디미르 푸틴의 승인을 받아 살해범들을 런던으로 보냈을 가능성이 농후하다는 의견이 지배적이다.

드미트리 코브툰   안드레이 루고보이

폴로늄은 세상에 알려져 있는 가장 강력한 독극물 중 하나로 삼키거나 흡입했을 때 치명적인 반응을 일으키며 시안화수소보다 치사율이 2500억 배나 높다. 이 치명적인 물질은 러시아의 원자로에서 온 것이었다.

루고보이와 코브툰은 자기들이 들고 가는 게 무슨 물질인지 몰랐던 게 분명하다. 영국에서의 그들의 행동은 거의 자살행위나 마찬가지였는데, 이는 모스크바의 어느 누구도 두 사람에게 폴로늄이 방사성 독극물이라는 걸 알려주지 않았음을 짐작하게 한다.

흔적을 남기는 폴로늄의 특성 덕분에 두 사람이 정확히 어디에 있었는지 알 수 있었고, 폴로늄에서 방출되는 알파선의 흔적을 추적해서 누가 어디에 앉았었는지까지도 확인할 수 있었다.

암살자들이 건드린 것이 무엇인지도 다 확인 가능했다.

리트비넨코의 도자기 찻주전자에서 확인한 방사능 수치는 1평방 센티미터당 10만 베크렐에 달했다. 그중에서도 주전자 주둥이에서 가장 높은 수치가 나왔다.

그 후 찻주전자는 식기세척기를 거쳐 이런 사실을 모르는 다른 손님들에게도 사용되었다.

11월 1일부터 며칠간 리트비넨코는 극심한 구토에 시달린다.

심지어 도움이 없이는 걷지도 못하는 지경에 이르렀고, 3일 동안 메스꺼움과 복통에 시달리다가 런던 북부에 있는 바넷 종합 병원에 입원했다.

11월 17일

리트비넨코는 런던 중심에 있는 유니버시티 칼리지 병원으로 이송되었고, 머리카락이 빠지기 시작한다.

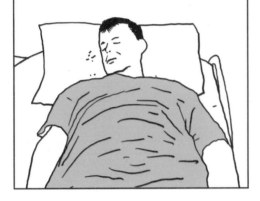

상태가 심각해지자 무장한 경찰이 그의 병실을 지킨다.

11월 20일

리트비넨코는 중환자실로 옮겨졌고 런던 경찰국의 대테러 부대가 조사에 착수한다.

크렘린은 러시아 정부가 리트비넨코를 독살하려 했다는 혐의를 일축한다.

11월 22일

리트비넨코는 심장마비에 걸린다.

11월 23일

그는 중환자실에서 숨을 거둔다.

혼수상태에 빠지기 하루 혹은 이틀 전, 리트비넨코는 구술로 자신이 죽으면 발표할 내용의 진술서를 남겼다.

여기 누워 있으니 죽음의 천사가 가까이 와 있음을 분명히 느낄 수 있다. 어쩌면 피해 갈 수 있을지도 모르겠지만 더는 내 발이 전처럼 빨리 움직일 수 없을 것 같다.

나를 이렇게 만든 사람에게 몇 마디 할 때가 온 것 같다. 당신은 내 입을 다물게 할 수 있을지 모르나 당신은 이 침묵에 값비싼 대가를 치러야 할 것이다. 당신의 격렬한 비판자들이 말했던 것처럼 당신은 당신이 무자비한 야만인이라는 사실을 몸소 증명했다.

당신은 인간의 목숨과 자유, 문명의 가치들을 전혀 존중하지 않음을 보여주었다. 당신은 대통령직을 유지할 자격이 없고, 문명인들의 신임을 받을 자격이 없음을 입증했다.

미스터 푸틴, 당신은 한 사람의 입을 다물게 할 수 있을지 모르지만 전 세계에서 일어나는 저항의 소리가 당신이 죽는 날까지 귓가에 시끄럽게 울릴 것이다. 신께서 당신이 나와 내 사랑하는 조국, 그 국민에게 한 짓을 용서하시기를.

영국 경찰은 루고보이를 살해 용의자로, 코브툰을 증인으로 발표했으나 이유는 밝히지 않았다.

러시아는 루고보이 송환 요청을 거부한다.
그뿐만 아니라 의회에 가입시켜 기소 면책권과
송환 요청에 대한 면책특권까지 부여했다.

2007년 12월 10일, 모스크바 주재 영국 대사인 토니 브렌튼은
루고보이를 두마에 선출한 것에 대해 다음과 같이 유감을 표명했다.

살인 혐의로 수배 중인 자에게 정치적 입지를 부여한 것은
매우 유감스러운 일이다. 루고보이를 의회에 두는 건
러시아에 전혀 도움이 되지 않을뿐더러 의혹만 가중할
뿐이다. 그가 러시아에서 한 발자국만 움직여도 그는
체포될 것이다. 우리는 그를 원한다.

2016년 리트비넨코 살인 사건 최종 리포트가 발표됐을 때
영국 노동당 의원 이안 오스틴은 이렇게 말했다.

푸틴은 생각이 바뀌지 않은 KGB 출신 폭력배이자 깡패일
뿐이며 러시아와 우리나라에서, 런던 거리 한복판에서 보란
듯이 자신의 정적들을 암살하고 있음을 우리 모두 알고 있다.
오늘 발표된 내용으로 달라지는 것은 하나도 없을 것이다.

두 번째 임기가 끝나갈 즈음 푸틴은 문제에 봉착한다. 헌법에서 세 번 연속 대통령직을 맡을 수 없게 금지하고 있기 때문이었다.

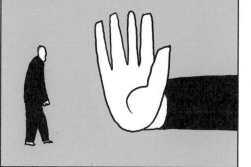

푸틴은 드미트리 메드베데프라는 사람에게서 해결책을 찾는다.

메드베데프는 얌전한 변호사로 부적절한 식량 수입 스캔들을 포함해 상트페테르부르크 시절부터 푸틴을 위해 법률적 문제를 담당해왔다. 그는 열성적이고 꼼꼼하기로 이름이 났지만 소심하기로도 유명했다. 1999년 12월에 푸틴은 대통령 권한대행이 되면서 메드베데프를 자신의 수하로 삼았다.

2000년, 메드베데프는 푸틴의 대통령 선거운동을 진두지휘했고 푸틴이 당선된 후에는 비서실 제1차장이 되었다.

2003년, 메드베데프는 비서실장으로 승진했고 2년 후에는 신설된 자리인 제1부총리로 임명된다.

2007년 12월, 푸틴은 자신의 뒤를 이을 대통령 후계자로 드미트리 메드베데프를 지목한다.

2008년 3월, 메드베데프는 70퍼센트의 득표율로 대통령 선거에서 승리한다.

대통령이 되자마자 그는 블라디미르 푸틴을 총리로 임명한다.

러시아 사람들 대부분은 푸틴과 그의 실세들이 여전히 러시아를 쥐락펴락한다고 여겼다.

메드베데프가 처음 위기에 봉착한 것은 조지아 때문이었다. 2008년 8월, 독립 영토인 압하지야와 남오세티야를 두고 조지아와 러시아 사이에 계속된 긴장 상태가 전쟁으로 이어졌다.

러시아

흑해

조지아

터키

아르메니아

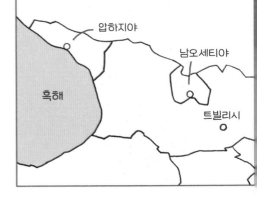

조지아가 나토 가입을 추진하면서 몇 달 동안 긴장 상태가 고조되던 중에 벌어진 마찰이었다.

압하지야

남오세티야

흑해

트빌리시

조지아 대통령 미하일 사카쉬빌리가 군대에 남오세티야의 수도 츠힌발리 점령을 명령하자 러시아가 방어에 나섰다. 러시아군이 국경으로 이동했고 남오세티야와 압하지야에 있는 조지아 주둔 지역을 공습했다.

미국과 영국, 나토가 휴전을 요구했지만 충돌은 5일간 계속됐다. 러시아가 재빨리 츠힌발리를 장악했고 러시아의 탱크와 군부대가 오세티야를 지나 조지아로 진격해 조지아의 수도 트빌리시에서 겨우 48킬로미터 정도 떨어진 곳에 멈춘다.

이 싸움에서 러시아가 승리하면서 조지아에 굴욕을 안겨주었다. 이 과정에서 수백 명이 목숨을 잃었고 남오세티야에 거주하던 조지아 민족 수천 명이 삶의 터전에서 쫓겨났다.

결과적으로 러시아군은 조지아에서 철수했지만 남오세티야와 압하지야 분리 지역에 군대를 주둔시켰다.

2011년 9월, 메드베데프는 통합러시아당 회의에서 푸틴을 2012년 공식 대선 후보로 지명한다.

푸틴은 대통령 임기를 4년에서 6년으로 연장하기로 한 뒤 60퍼센트 이상의 득표율로 재선에 성공한다. 메드베데프는 다시 국무총리 자리로 돌아갔다.

선거에 반대해 대규모 푸틴 반대 시위가 벌어졌다. 비판자들은 부정선거라고 주장했다. 모스크바를 비롯한 여러 도시에서 수천 명이 몰려나와 거리를 가득 메웠다.

2012년 12월에는 러시아의 페미니스트 펑크록 그룹 '푸시 라이엇Pussy Riot'이 구세주 그리스도 대성당에서 퍼포먼스를 벌였다.

푸시 라이엇은 공공장소에서 허가받지 않은 도발적인 즉석 공연을 벌이는 것으로 유명한 그룹이었고,

그 광경을 뮤직비디오로 만들어 인터넷에 올렸다.

푸시 라이엇은 페미니즘과 성 소수자LGBTQIA+*들의 권리를 옹호하고 블라디미르 푸틴 대통령과 그의 정책에 반대했다.

* 레즈비언Lesbian, 게이Gay, 양성애자Bisexual, 트랜스젠더Transgender, 퀴어Queer, 인터섹스Intersex, 무성애자Asexual-옮긴이 주.

대성당에서 즉석 공연을 벌인 지 한 달 뒤 멤버 전원이 체포됐고 '종교적 증오에서 비롯한 난동죄'로 기소되었다.

그들은 3월부터 7월까지 보석 없이 붙잡혀 있다가 유죄판결을 받고 2년 형을 선고받았다. 멤버 중 한 명인 사무체비치는 2012년 10월에 보호 관찰로 풀려났지만 톨로코니코바와 알료키나는 그대로 갇혀 있었다. 그들의 형기 만료는 2014년 3월이었으나…

2013년 12월에 2000여 명의 죄수들과 함께 사면을 받아 풀려났다.

이 사면은 러시아가 2014년 동계올림픽 개최를 앞두고 논란을 피하려 실시한 조치임이 분명했다.

푸시 라이엇의 마리아 알료키나는 러시아 텔레비전 채널에 출연해 사면은 홍보 선전에 불과하다며 차라리 감옥에 남아 있는 편이 나았을 거라고 말했다.

푸틴 정권은 서구의 진보적인 세속주의에 반대해 자신들의 기독교적인 가치를 지킨다는 구실을 앞세워 일상적으로 이민자들과 소수자들을 박해했다.

특히 러시아의 성 소수자들이 심한 박해를 받았다. 그들을 대상으로 한 개인과 정부 요원, 자경단들의 무차별 폭력 행위가 온 나라에 만연했다.

2013년에는 미성년자들에게 '비전통적인 성관계 선동'을 금지하는 악명높은 연방 법안이 통과되었다.

러시아인 게이도 있다. 받아 들여라!

이 법안은 여론이나 온라인에서 어린이들을 대상으로 성 소수자들의 존재나 그와 관련된 어떤 얘기도
할 수 없도록 금지하고 있다.

러시아에 사는 동성 커플들은 입양을 법적으로 금지당하며, 동성 결혼을 허가하는 나라의 커플들은
러시아 어린이를 입양하지 못한다.

이런 법률들은 성 소수자들이 어린이들에게 위험하다는
터무니없는 거짓 메시지를 전달하는 강력한 도구인 셈이다.

2017년 2월에서 4월 사이, 여전히 러시아 연방의
일부인 체첸 공화국에서 일련의 동성애자 소탕 시도가
벌어진다. 체첸의 법 집행기관과 보안요원들이
동성애자로 의심되는 남자 수십여 명을 마구잡이로
잡아들여서 며칠 동안 비공식적인 구금시설에
가둬놓았고, 굶기고 고문하며 수시로 굴욕감을
느끼게 했다.

몇몇은 무차별 구타를 당해 반송장이 된 채
가족들 품으로 돌아왔다.

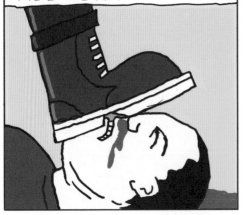

그들을 잡아들였던 사람들은 가족들에게 그들이
동성애자임을 폭로하고 친척들에게 명예살인을
부추기기도 했다.

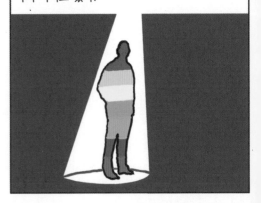

지방 당국의 최고위층이 이와 같은 불법 행위에
관련된 사람들을 처벌했지만 체첸의 지도자
람잔 카디로프는 그런 적이 없다고 잡아뗐다.

1년 뒤에 또다시 비슷한 사건이 벌어진다.

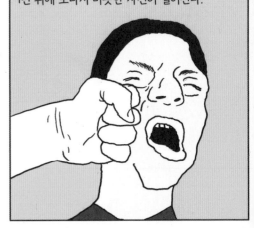

러시아 정부의 반동성애 정책은 푸틴이 자신의
남성성을 과시하는 우스꽝스러운 선전을 일삼고,
자신을 애국심에 불타는 강한 남자라고
과시하면서,

옐친 시대에 퍼진 무기력함을 파기하고 러시아의
남성적인 자부심을 복원하려는 욕구의 감춰진
이면이었다.

한편, 2011년에 시작된 시위의 파도는 2013년까지 계속되었다. 언론에서는 이를 눈의 혁명Snow revolution이라 불렀다.

이 시위의 중심에 선 핵심 인물은 총명하고 활동적인 보리스 넴초프였다.

정치인이 되기 전 넴초프는 고르키 방사선 물리학 연구소에서 물리학자로 근무했다.

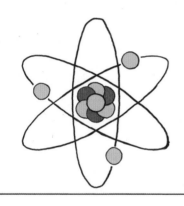

그는 1990년에 소련 인민대표회의의 의원으로 선출되었다. 그 후 보리스 옐친의 임명으로 1991~1997년까지 니즈니 노브고로드 주지사를 지냈으며,

제1부총리의 자리까지 올라 1998년까지 에너지 분야를 담당했다.

그는 국가적인 금융 위기 와중에 사임했고 나중에 우크라이나 대통령 빅토르 유셴코의 경제 자문(2005~2006)을 맡았다.

넴초프는 2008년 대선에 잠시 후보자로 나섰다가 다른 후보자들에게 갈 진보주의 표를 분산시키고 싶지 않다며 철회했다.

2008년 넴초프와 러시아 체스 그랜드마스터인 가리 카스파로브는 정치적 반대 연합 솔리다르노스트Solidarnost(연대)를 공동 창설했다. 이 단체의 목표는 러시아의 반대 세력들을 연합하는 것이었다.

2009년 솔리다르노스트 모임에서 넴초프는 소치 시장 선거 출마를 선언한다.

넴초프는 소치가 러시아에서 겨울에 눈이 오지 않는 몇 안 되는 도시 중 하나라는 점을 지적하며 그런 소치에서 동계올림픽을 개최하겠다는 결정은 황당하기 그지없다고 비판했다.

소치는 아열대기후 도시로 스케이트나 하키 같은 겨울 스포츠의 전통이 없으며 시민들은 축구나 배구를 더 선호한다고 넴초프는 말했다.

그는 또 올림픽 경기장 건설 공사가 지역 경제에 '막심한 피해'를 주었고, 올림픽 관련 시설 건설 때문에 시민 5000여 명이 자기 집에서 쫓겨났다고 덧붙였다.

계속해서 넴쵸프는 관계 당국의 부패와 무능함으로 집을 잃은 시민들 대다수가 자기 땅에 대한 적절한 보상을 받지 못했고, 다른 곳에 주거지를 제공받지 못했다고 밝혔다. 수십억 달러의 돈이 감쪽같이 사라졌다는 것이다.

한편 우크라이나에서는… 2004년 대선에서 빅토르 유셴코*에게 패배했던 빅토르 야누코비치가 결국 2010년 대선에서 승리한다.

* 독극물 중독으로 얼굴이 흉터로 뒤덮인 정치인.

그러나 2013년에 야누코비치와 그의 조국 우크라이나는 난관에 부딪힌다.

야누코비치는 러시아와 긴밀한 관계를 유지하고자 했다.

그는 우크라이나에 있는 푸틴의 사람이었고 그에 따라 움직였다. 야누코비치가 2013년 11월에 EU와의 제휴 협약에 서명하기를 거부하자 우크라이나 정국은 불안정해진다.

들어와.

싫어.

'유로마이단euromaidan'으로 알려진 정치 운동이 일어난 것이다. 시위의 참가자들은 유럽연합과의 밀접한 관계 형성을 지지하며 야누코비치 추방을 요구했다.

그러자 야누코비치의 전통적 지지 기반이자 대체로 친러시아권인 동부와 남부 우크라이나 일부 시민들도 러시아와의 긴밀한 연합을 지지하며 시위를 시작했다.

크름반도에서는 우크라이나 탈퇴와 러시아 연방 가입을 지지하는 여러 건의 시위가 일어났다.

2014년 2월, 경찰 및 보안군과의 충돌로 시위 참가자 70명 이상이 사망했고 남아 있던 야누코비치 및 그의 행정부 지지 세력도 허물어졌다.

2월 22일, 야누코비치가 이 사건을 쿠데타라고 비난하며 수도에서 도망쳤을 때 의회는 투표를 통해 야누코비치를 탄핵했다. 검찰이 수도 키이우 외곽에 있는 그의 자택에 들이닥쳤고 우크라이나 정부는 대량 학살 혐의로 야누코비치에게 체포영장을 발부했다.

수갑 차.

싫어.

야누코비치가 러시아로 도망친 후 며칠 뒤 유로마이단 운동에 반대하는 무장 괴한들이 크름반도를 장악하기 시작했다.

아무 표식이 없는 녹색 제복을 입은 러시아 군인들이 곳곳에 검문소를 설치했는데 지역 주민들과 여론은 이들을 '리틀 그린맨'이라 불렀다.

이들 부대(사실은 러시아 특수부대)가 크름반도 의회를 점령한 뒤 크름반도 지도부는 우크라이나에서의 분리독립을 투표에 부친다.

엄청난 논란을 불러일으킨 투표에 이어 2014년 3월 중순, 크름반도는 러시아 연방에 합병된다.

그러자 우크라이나 동부에서 우크라이나 군인과 러시아의 지원을 받는 분리주의자들 간에 분쟁이 시작됐고, 2018년까지 계속됐다. 이 기간에 1만 명이 넘는 사망자가 속출했다.

보리스 넴초프는 합병과 전쟁을 비판하는 소수의 러시아 정치인 중 하나였다. 그는 크름반도를 우크라이나 영토의 일부로 보았고 러시아의 합병은 불법이라고 생각했다.

2015년 2월 27일 늦은 저녁. 넴초프와 우크라이나인 여자친구 안나 두리츠카야가
크렘린 근처에 있는 볼쇼이 모스코레츠키 다리를 건너고 있을 때
괴한에게 머리와 등에 여러 발의 총알을 맞는다.

체첸인 다섯 명이 1500만 루블(약 20만 달러)을
받고 청부 살인을 저지른 죄로 유죄판결을 받았다.

그중 도주 차량을 운전한 안조르 구바셰프는
수사관들에게 이렇게 말했다.

넴초프는 서구를 지지하고 우리 정부의 명예를
훼손하는 정책을 펴고 있었다.

구바셰프는 또 우크라이나를 사이에 둔 러시아와
서구의 교착 상태에 대해서도 언급하며 넴초프가
CIA와 오바마의 첩자라고 주장했다.

우리가 그를 죽인 것에 미안한 마음은 눈곱만큼도
없다. 그는 처음부터 서구에 붙어먹은 매춘부였고
온갖 혼란을 불러일으킨 원흉이기 때문이다.

체첸 정부가 넴초프의 죽음에 직접적인 책임이 있는지, 푸틴의 사주를 받아 저지른 일인지 확실치는 않다. 그러나 그처럼 중요한 반정치적 인물을 암살하는 것이 양쪽 모두에 편리한 일이었음은 틀림없다.

넴초프의 딸 잔나 넴초바는 아버지의 죽음에 대해 이렇게 말한다.

아버지는 10년 동안 가장 두드러진 푸틴의 비판자였고, 러시아 야당에서 가장 막강한 영향력을 지닌 리더였어요. 아버지의 죽음 이후 야당은 머리가 잘렸고 보통 사람들과 정치인들 모두가 겁에 질려 있어요. 이제 러시아에는 아버지처럼 강력하고 용감하며 현명하게 야당을 대표할 인물이 없습니다.

그녀는 푸틴이 직접 아버지의 암살을 지시했다고 믿어 의심치 않는다.

러시아 내에서는 크름반도 침공과 합병이 폭넓게 환영받았다. 푸틴의 지지율은 70퍼센트를 넘어서며 급상승한다.

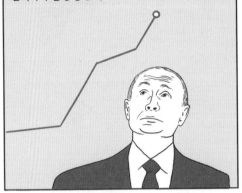

2014년 3월 말, 버락 오바마 대통령은 브뤼셀에서 다른 나토 지도자들과 만나 러시아와 우크라이나의 상황에 대해 논의한다.

오바마는 전임자인 조지 부시와 마찬가지로 특별한 위험을 감지하지 못한다.

우리가 또 다른 냉전 시대로 들어서는 건 아닙니다. 과거의 소련과 달리 어쨌거나 러시아는 여러 연합국의 리더도 아니고 세계적인 이데올로기를 이끌고 있지도 않으니까요.

서구의 다른 지도자들과 마찬가지로 오바마는 푸틴이 거대한 나라를 맡게 된 관료에서 과대망상에 빠진 독재자로 탈바꿈한 사실을 파악하지 못했다.

2014년 7월 17일. 암스테르담에서 출발해 쿠알라룸푸르로 향하던 말레이시아 항공편 MH17이 분쟁 지역인 우크라이나 상공 위를 날아가던 중 레이다에서 감쪽같이 사라진다.

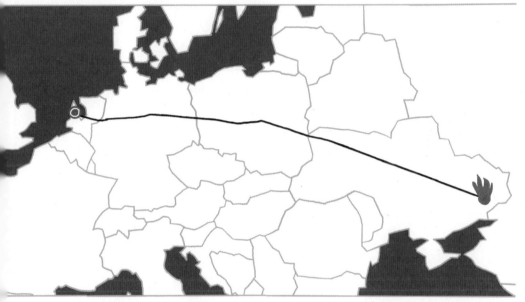

비행기는 우크라이나 동부 상공에서 러시아제 부크BUK 미사일을 맞고 추락했다. 생존자는 없었다.
2016년 9월, 국제 공조 결과 부크 미사일이 러시아 영토에서 온 것이며 러시아의 지원을 받는 분리주의자들이 점령하고 있는 지역의 한 들판에서 발사되었다는 증거가 나왔다.

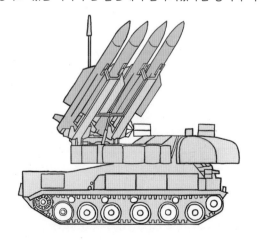

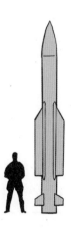

당시 비행기가 추락한 지역은 비행 금지 구역으로 지정되어 있었지만, 비행기는 고도 제한이었던 9754미터(3만 2000피트)보다 높은 1만 58미터(3만 3000피트) 상공을 날고 있었다.

그날 우크라이나 동부 상공은 상업 여객기 160대가 오고 갈 정도로 매우 분주했다.

승객 283명과 15명의 승무원이 전원 사망했다.

승무원들은 모두 말레이시아인이었다. 전체 승객의 2/3 이상이 네덜란드인이었고 말레이시아인과 호주인들도 있었으며, 그 외에 일곱 개국 시민이 탑승하고 있었다. 탑승객 중에는 말레이시아를 거쳐 호주 멜버른에서 열리는 제20회 국제에이즈회의에 참석하러 가는 대표들도 있었다.

국제에이즈협회의 전 회장 욥 랑어.

네덜란드 상원의원 빌렘 비테빈과 아내 리드비엔 이르켄스, 딸 마리트 비테빈.

호주인 작가 리엄 데이비슨과 그의 아내 프랭키 데이비슨.

말레이시아 여배우 슈바 제이와 남편 폴 고어스, 딸 카엘라 마야 제이 고어스.

이들은 모두 우크라이나 분쟁과는 아무런 관계가 없는 사람들이었다. 가족끼리 탑승한 경우가 20건이 넘었고, 18세 미만 탑승객도 80명이나 됐다.

네덜란드 검찰은 미사일 발사 책임자로 4명을 지목했다. 전직 러시아 FSB 대령 이고르 기르킨.

러시아 정보총국GRU 군사정보부 소속 세르게이 두빈스키.

GRU의 특수부대인 스페츠나츠 소속 전직 군인 올레그 풀라토프.

그리고 도네츠크 전투부대 대장이자 우크라이나인인 레오니드 카르첸코.

모두가 러시아의 원조를 받는 도네츠크 인민 공화국에서 우크라이나군들과 맞서 싸우는 상급 지휘관들이었다. 러시아는 자국민을 인도하지 않기 때문에 재판은 이들이 참석하지 않은 채로 열렸다.

푸틴은 계속해서 러시아는 MH17 여객기 폭격 사건과 아무런 관계가 없다고 잡아떼며 우크라이나 공군의 책임이라고 주장했다.

그러나 이런 주장을 밑받침할 만한 증거는 전혀 없었다. 오히려 분리주의자가 점령하고 있는 지역의 지상에서 발사된 미사일을 맞고 여객기가 추락했음을 시사하는 증거는 많았다.

조사관들은 부크 미사일 호송대의 흔적을 추적해 그들이 MH17이 추락하기 몇 시간 전에 러시아 국경을 출발해서 도네츠크, 토레즈, 스니즈네를 지나 발사 지점에 도착했음을 알아냈고, 페르보마이스키 서쪽 농경지에 있는 한 언덕을 정확한 발사 지점으로 지목했다.

2017년 12월 20일, 영국 의회 산하 정보 및 안보 위원회에서 발표된 연례 보고서에 "영국과 동맹국에 반하는 러시아의 목적과 활동"이라는 제목의 짧은 글이 실렸는데, 다음과 같이 영국 비밀정보부 MI6의 말이 인용되어 있다.

"러시아는 대규모 정보전을 벌이고 있다…. 그것을 판단할 수 있는 예로 러시아는 전 세계를 대상으로 광범위하고 다양한 채널을 통해 MH17 격추 사건과 관련해 일말의 책임이 없다는 선전을 퍼뜨리고 있으며…

뻔한 거짓말을 되풀이하고 있다. 우리는 의심의 여지 없이 러시아 군대가 미사일을 제공했고 나중에 미사일 발사대를 회수했다는 사실을 똑똑히 알고 있다."

우크라이나에서 계속되는 전쟁 외에 러시아는 중동에서 발생한 전쟁에도 관여한다.

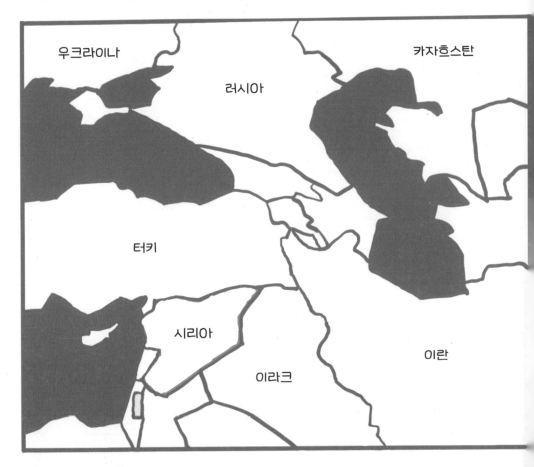

2011년 3월, 바샤르 알아사드 대통령이 이끄는
시리아 정부는 나라 곳곳에서 벌어진 친민주주의
시위로 난관에 부딪힌다.

시리아 정부는 경찰과 군대, 의회 군까지 동원해서
시위대를 잔혹하게 진압했다.

정부의 만행에도 반대 시위는 계속됐다.
2015년, 푸틴은 알아사드 대통령의 원조 요청에
응답한다.

2015년 9월 30일, 반군 단체에 대한 알아사드의 정식 군사 지원 요청을 받아들인 러시아는 시리아에 공습을 감행한다.

푸틴은 테러 단체인 '이슬라믹 스테이트Islamic State, IS'와 맞서 싸우는 것이 목적이라고 밝혔다. 그러나 실제로는 그 외에도 알아사드에 반대하는 다른 반군들도 공격했다. 그중에는 서구의 지원을 받는 반군들도 있었다.

러시아의 개입을 정당화하기 위해 푸틴은 미국을 비난했다. 미국은 중동 지역에서 벌어진 전쟁들에 깊이 관여했는데, 당시 러시아는 그런 개입에 대체로 반대하는 입장이었다.

그래서 결국 어떤 결과가 나왔습니까? 공격적인 외국(미국)의 개입으로 개혁을 이끌어내기는커녕 뻔뻔하게 국가 기관의 파괴만 초래했을 뿐입니다.

민주주의와 진보의 승리 대신 폭력과 빈곤, 사회적 재앙만 불러왔어요. 생존권을 포함해 인권에 관심을 두는 사람은 아무도 없습니다.

시리아에도 그런 잔혹 행위가 벌어지는 것을 막기 위해 러시아가 개입할 수밖에 없다는 것이 푸틴의 주장이었다.

109

그러나 5년이 훌쩍 지난 지금, 러시아는 푸틴이 초래하지 않겠다고 장담했던 상황을 그대로 저질러 놓았고
시리아는 폭력과 가난, 사회적 재앙에 시달리고 있다.

시리아는 '뻔뻔하게 파괴'당했고,
특히 2016년에 알레포에 감행된 잔혹한
공격이 대표적으로 보여주듯 도시는
산산조각이 났다.

인권 측면에서 보면 시위자들을 고문해서 내전을 조장한 알아사드 정권이 여전히 권력을 장악하고 있다.
2020년 1월 4일, 전쟁 감시단인 시리아인권관측소는 전쟁이 시작된 후로 38만 명이 넘는 사망자가
발생했다고 발표했다.

전쟁이 계속되는 동안 시리아 인구의 절반 이상이 삶의 터전에서 쫓겨났는데 그 수가 1200만 명에 달한다.

국제사면위원회에 따르면 2016년 2월 말에 러시아 전투기가 폭격 작전을 수행할 때 의도적으로 민간인과 구조대원들을 표적으로 삼았다고 한다.

국제사면위원회 위기 대응팀의 책임자인 티라나 하산은 이렇게 말한다.

학교와 병원, 민간인의 집에
가해진 폭격을 기록으로 남겼습니다.
러시아군과 시리아군은 부상자와 사망자를
대피시키기 위해 들어간 인도주의 활동가들과
민간인들을 색출해 부상을 입히고
살해하는 등 지독한 만행을
저지르고 있어요.

서구와 러시아 사이에 가장 큰 논란이 되는 쟁점은 시리아군이 민간인을 대상으로 화학무기를 사용한 것을 러시아가 승인하고 은폐했다는 점이다.

베를린에 있는 세계공공정책연구소GPPI 연구원들은 시리아 및 여러 나라의 협력 단체들과 함께 2011년부터 발생한, 입증되거나 확인된 345건의 화학무기 공격에 관한 자료를 발표했다. 수년간 힘들게 연구 조사한 결과였다.

GPPI에 의하면 화학무기 공격의 약 98퍼센트는 알아사드 정권이 저지른 만행이며, 주로 공중에서 떨어졌고, 나머지는 IS의 책임이었다.

GPPI 연구 결과에 따르면 특히 염소 폭탄 사용이 알아사드 정권 군사전략의 핵심이라고 한다.

전형적인 폭탄이 터지면 시민들은 지하 터널이나 지하실로 대피하는데,

공기보다 무거운 염소는 이런 최후의 피난처에 스며든다. 결국 사람들은 집과 터전을 버리고 도망갈 수밖에 없게 된다.

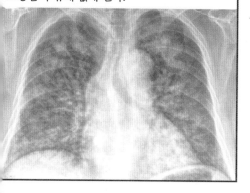

GPPI의 연구원 토비아스 슈나이더는 이렇게 말한다.

우리는 조사 결과를 통해 지상의 시리아인들은 이미 몇 년 전부터 알고 있는 사실을 확인했습니다. 이제 화학무기는 시리아 정부의 일반 무기 중 하나로 자리 잡았습니다.

수년간 국제 사회가 지켜보는 가운데 거의 아무런 처벌도 없이 마구 사용됐고요.

시리아에서 벌어지는 알아사드의 전쟁 범죄들에 관해 거짓 정보를 퍼뜨리는 데 가장 큰 역할을 한 것은 러시아의 트롤troll*들과 허위 정보 매체들이었다.

그들은 민간인들을 대상으로 하는 알아사드 정권의 화학무기 사용에 대한 독립적인 조사 내용에 의혹을 제기했다.

* 인터넷에서 공격적이고 불쾌한 내용의 글을 올리거나 악플을 다는 등 고의적으로 파괴적인 행동을 일삼는 사람-옮긴이 주.

트롤과 러시아 언론들은 또 시리아 민방위대인 '화이트 헬멧White Helmets'과 같은 민간 구조대를 겨냥해 허무맹랑한 얘기들을 퍼뜨렸다. 그들이 공격을 감행했다거나 테러리스트 그룹과 결탁하고 있다는 근거 없는 주장을 늘어놓는 식이었다.

2018년 대서양위원회가 발표한 보고서에는 이런 내용이 실렸다. "러시아는 시리아의 수도 다마스쿠스에 대한 서구 정책에 영향을 주고 서구 사회에 혼란을 일으키는 것을 목표로 제일 먼저 시리아 혁명에 관해 전혀 다른 엉뚱한 얘기를 꾸며내 적극적으로 퍼뜨리고 있다."

이 보고서는 2015년 미국 국무부의 조사 내용을 인용했다. 조사 내용에 따르면 러시아는 국내외 정책 목표 추진을 위한 프로파간다와 싱크탱크를 지원하는 데 연간 14억 달러를 투자한다고 한다.

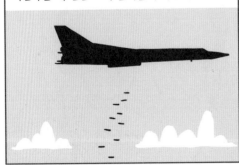

대서양위원회의 또 다른 보고서는 정보전에서 중요한 위치를 차지하는 핵심 인물로 알렉산더 드보르니코프 장군을 언급했다.

이건 말할 수 있다. 정보 작전이 없었다면 시리아의 알레포, 데이르 알주르, 구타에서 성공하지 못했을 것이다.

이들은 선동자들의 네트워크에 힘입어 친알아사드 성향 블로거들과 대안 우파인 알트라이트alt-right 언론인들, 그리고 자칭 반제국주의자라는 사람들이 무차별적으로 쏟아내는 콘텐츠들을 소셜 미디어 알고리즘을 이용해 마구잡이로 퍼 나르면서 정보전을 펼쳤다.

러시아 선전원들은 이런 방법으로 비주류적 의견과 음모 이론에 합리성을 부여해 '날조된 여론'을 만들어낼 수 있었다.

소셜 미디어가 21세기의 전쟁을 어떻게 재구성하는지 논하는 《워 인 140 캐릭터스War in 140 Characters》의 저자 데이비드 파트리카라코스는 이렇게 말한다.

이런 테크닉이 바로 러시아 프로파간다의 핵심입니다.

구소련은 그들의 나라를 이상적인 사회로 그리는 데 그쳤어요.

반면 지금의 러시아는 문제가 생길 때마다 수많은 얘기를 꾸며내서 혼란을 일으켜 사람들이 진실을 보면서도 깨닫지 못하게 만드는 방식을 사용합니다.

러시아는 왜 시리아에서 전쟁을 벌였을까?
푸틴의 목적은 무엇이었을까?

런던 정치경제대학교의 국제 관계 분야
명예교수인 마고 라이트는 러시아가 자기들
이익만 생각할 뿐 시리아의 이해관계는
안중에도 없다고 말한다.

그녀는 러시아가 알아사드에 대해 어떤 확신이
있으리라 생각하지 않는다고 본다. 푸틴이
중동문제에 개입하는 부분적인 이유는 러시아가
세계 문제에 대해 발언권을 가지기 위해서라는
것이다.

시리아 내전의 평화 협정을 중재하려면
러시아와도 협의를 거쳐야 해요.

푸틴은 러시아가 무시할 수 없는 강력한 힘을 가진
존재라는 걸 어떻게든 보여주고자 합니다.

또 한편으로는 중동 지역이 영국이나 미국보다는
러시아에 근접해 있기 때문에 그 지역이 불안정해지면
러시아 안보에 위협이 된다고 생각하지요.

2016년 11월.

도널드 트럼프가 민주당 라이벌인 힐러리 클린턴을 누르고 미국 대통령으로 당선되었다.

미 당국은 러시아가 트럼프의 당선을 위해 선거에 개입하려 했다고 확신했다.

2016년 3월 19일, 힐러리 클린턴의 선거캠프 사무장 존 포데스타는 다른 사용자가 그의 계정에 접근하려 했다는 내용의 구글 경고 이메일을 받는다.

그 이메일에는 포데스타가 비밀번호를 변경할 수 있는 페이지로 옮겨가는 링크가 붙어 있었다. 그는 선거운동 지원부의 직원에게 이메일을 보여주고 그것이 합법적인 메일인지 묻는다.

그러나 직원의 회신에 오타가 발생한다. '이것은 불법illegitimate 이메일입니다' 대신 '이것은 합법legitimate 메일입니다'라고 친 것이다. 포데스타는 이메일에 나와 있는 링크로 들어가 새 비밀번호로 변경했고, 해커들이 그의 이메일을 볼 수 있게 된다.

2016년 4월, 해커들은 훔친 신상정보를 이용해 민주당 하원 선거위원회 컴퓨터 네트워크에 접근해서 악성소프트웨어로 데이터를 훔친다.

2016년 6월 12일, 위키리크스의 설립자 줄리언 어산지는 한 인터뷰에서 다량의 선거운동 관련 이메일을 확보했으며 곧 웹사이트를 통해 공개할 것이라고 발표한다.

2016년 6월 15일, 민주당에서 고용한 사이버 보안 회사 크라우드스트라이크가 웹사이트에 공고문을 올린다.

정치위원회의 컴퓨터 네트워크가 러시아 정보부와 연관된 두 단체로부터 공격을 받았다는 내용으로…

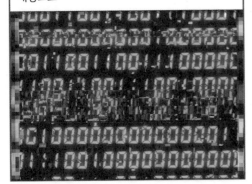

'코지 베어'와 '팬시 베어'라고 불리는 두 단체가 위원회의 컴퓨터 시스템을 뚫고 들어왔으며,

해커들이 페르소나로 내세운 '구시퍼 2.0guccifer 2.0'이 루마니아 블로거를 자처하며 자기 혼자 저지른 일이라고 주장하고 있다는 것이었다.

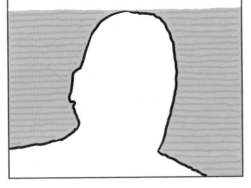

2016년 7월 22일, 민주당 전당대회를 며칠 앞두고 위키리크스는 민주당전국위원회DNC 서버에서 해킹당한 2만 통에 가까운 이메일을 공개한다.

그 자료에는 민주당전국위원회 위원장 데비 와서먼 슐츠가 클린턴의 민주당 대통령 후보 라이벌인 버니 샌더스 선거캠프의 직원을 모욕하는 내용의 메모도 있었고…

민주당전국위원회가 나머지 중립적인 후보들보다 클린턴을 지지한다는 내용을 암시하는 메시지도 있었다. 와서먼 슐츠는 곧 위원장직에서 물러났다.

위키리크스가 공개한 다른 이메일 중에는 클린턴이 은행들을 대상으로 했던, 높은 수수료와 관련한 연설문들을 발췌한 부분도 있었다. 이는 클린턴이 선거 기간 중 공개를 거부한 내용들이었다.

중상모략을 일삼는 사람들은 클린턴이 진보적인 화법을 쓰고는 있지만 실제로는 월스트리트의 주머니 속에 있다고 주장하며 그 증거로 이 연설문들을 들먹였다.

2016년 7월 25일, FBI는 해킹에 관한 조사에 착수했다고 발표한다. 조사관들은 사이버 공격이 러시아와 관련된 것으로 보인다고 언론에 말했다.

2016년 7월 27일, 트럼프는 기자회견 도중 클린턴이 사용하는 개인 이메일 서버를 언급하면서 해커들에게 삭제된 이메일을 찾아내라고 부추겼다.

러시아, 혹시 내 말을 듣고 있다면 사라진 3만 통의 이메일을 당신들이 찾아내면 좋겠군요.

2016년 10월 7일, 국토안보부와 국가정보부 선거 보안팀에서 성명을 발표한다.

정보부는 최근 미국 시민과 기관들을 상대로 발생한 이메일 해킹이 러시아 정부의
지시에 의한 것이라고 확신합니다.

2016년 12월 29일, 오바마는 대통령 자리에서 물러나기 전 마지막 활동으로 해킹에 관여한 러시아인
여섯 명의 이름을 밝히며 러시아에 대한 경제 제재 조치를 발표한다. 추가로 러시아 외교관 서른다섯 명에게
추방 명령을 내렸다.

2017년 1월 3일, 폭스 뉴스와의 인터뷰에서
어산지는 해킹한 민주당전국위원회 이메일을
자신에게 제공한 것은 러시아 정부가 아니었다고
말한다.

2017년 5월 17일, 미국 법무차관 로드 로젠스타인은
전 FBI 국장 로버트 뮬러를 특별 검사로 지명하여
러시아 개입 의혹에 관해 본격적인 조사에
착수한다.

뮬러가 조사할 여러 사건 중 하나는 2016년 6월 9일에 있었던 일이었다. 도널드 트럼프의 아들 도널드 트럼프 주니어.

선거캠프 본부장 폴 매너포트.

트럼프의 사위 자레드 쿠슈너.

이 세 명이 뉴욕에 있는 트럼프 타워에서 러시아인 변호사와 비밀리에 만난 모임이었다.

이 만남을 주선한 롭 골드스톤은 트럼프 주니어에게 이메일을 보냈는데…

트럼프 주니어의 아버지가 선거에 승리하는 데 도움을 주기 위해 러시아 정부가 그에게 힐러리 클린턴에 관한 불리한 정보를 전달하고 싶어 한다는 내용이었다.

그 대가로 트럼프 주니어는 트럼프 행정부가 들어서면 러시아에 좀 더 우호적인 정책을 펼 수 있다는 가능성을 암시했다.

모임 직후 트럼프 주니어는 가려진 전화번호로 전화를 걸었다. 그의 아버지가 드러나지 않는 가려진 전화번호를 사용한다는 건 익히 잘 알려진 사실이다.

2019년 3월 22일에 나온 최종 보고서에서 뮬러는 이 모임 자체는 위법행위가 아니라고 쓴다.

이 모임에 참석했던 사람들이 그런 행동이 불법이라는 사실을 알고 있었는지 조사팀이 입증할 수 없었다는 게 이유 중 하나였다.

정말 그래?

뮬러는 또 그 정보가 2만 5000달러가 넘는 '가치'가 있는지 판단할 수 없다고 했다. 2만 5000달러는 단순한 범법 행위와 달리 중죄로 인정되는, 불법 선거 자금을 규정하는 기준 액수다.

말이 돼?

보고서는 계속해서 엄밀히 따지면 이런 행동이 음모죄에 해당할 정도는 아니지만 그렇다고 해서 용납되는 행위는 아니라고 못 박았다.

당연히 아니지.

트럼프 선거캠프 관계자들은 분명 대선에 외국의 영향이 개입되는 것을 환영했고, 그 사실을 은폐하여 위험을 자초했다.

내 말이.

뮬러가 발견한 러시아와의 접촉은 이 모임이 다가 아니었다. 그 외에도 중서부 주의 투표 자료도 공유했는데 이 지역은 나중에 트럼프가 승리한 곳이었다.

위키리크스에 러시아가 훔친 이메일이 전달된 후 위키리크스와 접촉하기도 했다.

이런 모든 행위가 음모죄를 성립할 정도는 아니지만 '공모'라고 말할 수 있다고 뮬러는 결론 내렸다.

내가 듣기엔 음모가 분명한데,

어째서 뮬러는 아니라는 거야?

훗날 로버트 뮬러 조사팀의 선임 요원인 앤드루 와이즈먼은 뮬러가 도널드 트럼프 및 트럼프와 모스크바의 관계를 조사하는 데 상당히 소심했다고 쓴다.

와이즈먼은 뮬러와 그의 수석부장 아론 제블리가 백악관과 마찰을 빚을 수 있는 과정들은 피했다고 말한다.

와이즈먼에 의하면 수사가 중대한 국면을 맞을 때마다 체블리는 대통령의 심기를 건드릴 수 있는 특정한 조치는 꼭 취할 필요가 없다는 식으로 말했다고 한다.

또한 뮬러는 해고당할 것을 두려워했다고 한다.

그것참 한심하네. 특별 조사가 자기들 업무인데 왜 그렇게 소심하게 굴었지?

와이즈먼은 그들이 특별 조사를 훼손시키려는 대통령의 시도에도 굴하지 않고 진실을 밝히기 위해 가능한 한 모든 방법을 다 동원했다면…

더 많은 걸 알아낼 수도 있었을 것이라고 생각한다.

트럼프는 러시아와의 공모 혐의를 부인했을 뿐 아니라 틈나는 대로 푸틴을 옹호했다.

그(푸틴)는 나를 만날 때마다 '내가 안 했다'라고 말합니다. 난 그 말을 믿어요. 정말 믿습니다. 그가 나한테 그렇게 말했다면 진심인 거예요.

뮬러 조사팀은 34명을 기소했다. 미국인 7명, 러시아 국적자 26명, 네덜란드 국적자 1명과 러시아 단체 3곳이었다.

전 트럼프 선거캠프 본부장이었던 폴 매너포트는 두 군데 연방 법원에서 재판을 받았다. 여러 건의 금융 범죄 혐의는 대부분 우크라이나에서의 로비 활동과 연관된 것이었으며,

유죄판결을 받고 징역 7년 6개월을 선고받았다.

전 트럼프 선거캠프 직원인 릭 게이츠는 금융 범죄 관련 혐의와 무기명 해외 로비 혐의, 연방 검찰 위증 혐의로 기소됐고,

징역 45일과 집행유예 3년을 선고받았다.

트럼프의 전 개인 변호사이자 오랜 해결사인 마이클 코언은 의회에서 거짓 진술을 하여 유죄판결을 받고,

징역 3년을 선고받았다.

트럼프의 국제 안보 자문이었던 마이클 플린 중장은 러시아 대사와의 교류에 관해 FBI에 거짓 진술을 하여 유죄판결을 받았으나,

트럼프 대통령이 사면했다.

트럼프의 선거캠프 자문이었던 조지 파파도 풀러스는 러시아 중재자들과 만났던 시기에 관해 FBI에 위증한 혐의로 유죄판결을 받았다.

14일 감금형을 선고받았지만, 트럼프 대통령이 사면했다.

네덜란드 변호사 알렉스 반 데 즈반은 릭 게이츠와의 접촉 및 FBI가 러시아의 군사정보국과 연결되어 있다고 판단한 사람과 접촉한 것에 대해 거짓 진술을 했고,

징역 30일을 선고받았지만 도널드 트럼프가 사면했다.

캘리포니아의 컴퓨터 전문가로 러시아인들에게 가짜 온라인 신원을 팔아넘긴 리처드 피네도는 징역 6개월을 선고받았다.

오랫동안 트럼프의 자문이었던 로버트 스톤 또한 허위 증언과 증인 매수, 공무 집행 방해죄로 징역 40개월을 선고받았지만,

도널드 트럼프가 사면했다.

트럼프 선거캠프 본부장 폴 매너포트를 위해 일했던 우크라이나의 사업가 콘스탄틴 킬림닉은 러시아 정보국과 관련된 인물로 공무집행 방해 음모로 기소되었다.

그는 미국 법 집행력이 닿지 않는 곳에 있었다. FBI는 그를 체포할 수 있는 정보 제공에 25만 달러의 상금을 걸었다.

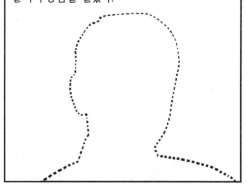

트럼프는 러시아 게이트 스캔들에 관련된 자신의 잘못을 은폐하기 위해 줄줄이 사면해주고 4년간의 선거 의혹을 마무리했다.

트럼프는 블라디미르 푸틴이 트럼프의 백악관 입성을 돕기 위해 2016년 대선에 개입했을 때 그들의 공격을 지원하고 사주했다.

트럼프가 푸틴에게 끝없이 충성하는 이유나 푸틴의 명령 아래 러시아가 어떤 만행을 저질러도 독재자를 비판하지 못하는 이유에 대해서는 밝혀진 바가 없다.

트럼프가 미국의 최선의 이익을 위해 행동하지 못한 진정한 이유는 시간이 지나야 드러날 것이다.

이번 대통령은 크렘린에 가장 특별한 선물이었어요.

애덤 시프
하원 정보위원회 위원장

세계적으로는 미국의 입지 면에서, 국내적으로는 미국의 화합 면에서…

모든 분야를 통틀어 도널드 트럼프만큼 미국에 심한 손상을 입히거나 크렘린에 많은 이득을 준 대통령은 지금까지 한 명도 없었어요. 그것이 그의 유산이 될 겁니다.

트럼프 대통령 체제에서 미국은 국제 기후 협정과 핵무기 협정을 파기했고,

세계보건기구에서 탈퇴한다고 발표했으며, 나토의 미래에 의문을 제기했고,

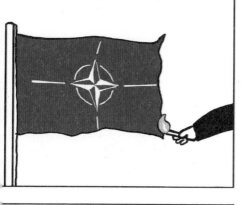

독일과 같은 동맹국을 적대시했다.

코로나바이러스 팬데믹으로 인한 높은 사망률과 경제 침체로 미국의 도덕적 권위 또한 약화되었고,

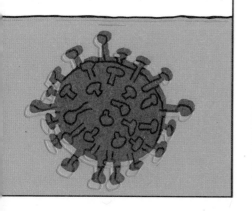

인종 차별 문제로 전국이 들끓었다.

흑인의 목숨도 소중하다

트럼프가 대통령이었던 4년간 발생한 이러한 주요 사건들은 흡사 푸틴의 희망 사항 목록을 보는 것 같다. 트럼프 대통령 시절에 지정학적으로 러시아보다 더 혜택을 받은 나라는 거의 없다.

푸틴을 존중하는 트럼프의 행보를 몇 가지 들어보자. 트럼프는 러시아가 크름반도를 계속 차지할 수 있다는 뜻을 내비쳤다. 그는 미국 정책을 깼고, 러시아가 우크라이나 영토를 계속 차지하고 싶다면 그래도 상관없다고 말했다.

트럼프는 크렘린이 주장하는 요점을 반복하며 이렇게 말했다.

2019년 10월, 트럼프는 시리아 북부에서 미군을 철수시킨다고 발표했다. 트럼프의 시리아 철수는 푸틴에게 힘이 되었다.

이와 같은 갑작스러운 이동은 전에는 미국과 쿠르드 민병대가 장악하던 지역을 터키가 차지할 수 있는 길을 터주었다.

또한 러시아가 영향력을 넓히고 버려진 미국 전초기지와 검문소들을 차지할 수 있는 황금 같은 기회가 되었다.

트럼프는 푸틴이 살인자라고 말하기를 거부했고, 푸틴이 자신의 정적들을 암살했다는 신빙성 있는 혐의들을 묵살했다.

2015년에 트럼프는 이렇게 말했다.

> 정말 그랬다면 가증스러운 일이겠지만 난 그가 누구를 죽였다는 증거는 하나도 본 적이 없어요.

트럼프 대통령은 2019년과 2020년, 대면 브리핑과 서면 안보 보고서를 통해 러시아가 미국 군인을 살해하는 아프가니스탄 민병대에게 상금을 지급한 것으로 보인다는 보고를 반복적으로 여러 차례 받았다.

이런 정보에도 불구하고 트럼프는 공개적으로 러시아를 비난하지 않았고, 어떤 보복 조치도 취하지 않았다.

또한 트럼프는 2018년에 발생한 전 러시아 스파이 세르게이 스크리팔 암살 시도 배후에 러시아가 있다는 주장을 반박했다.

암살 시도가 있은 지 1년 후, 당시 영국 총리 테리사 메이와의 긴박한 전화 통화에서 트럼프는 러시아가 개입했다는 주장을 믿지 못하겠다며 10분간 자기 생각을 늘어놓았다고 전해진다.

2018년 3월 4일. 전직 러시아 GRU 부대 정보 요원이자 영국 정보국의 이중 요원인 세르게이 스크리팔과 그의 딸 율리아 스크리팔이 영국 솔즈베리에 있는 공원 벤치에서 의식을 잃은 채 발견되었다.

그들은 러시아에서 개발된 군사용 신경가스 종류인 노비촉novichok에 중독되어 있었는데, 같은 날 오전에 그들의 집 문손잡이에 뿌려져 있었던 것으로 밝혀졌다.

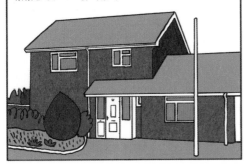

노비촉에 노출된 또 한 사람은 닉 베일리 경사였는데, 스크리팔 중독 사건을 조사하다가 중환자실 신세를 져야 했다.

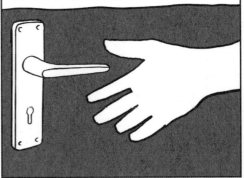

어리석게 들리지만, 당시에는 피로와 두통 때문이라 생각했어요. 우리가 뭘 다루고 있는지 전혀 몰랐으니까요.

그는 점점 증세가 악화하여 집중치료실로 옮겨져서 3주간 치료를 받았다.

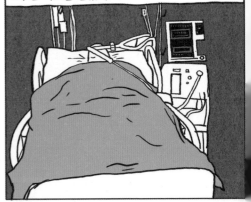

노비촉은 개조된 향수병에 담겨 손잡이에 뿌려졌고 향수병은 쓰레기차에 버려졌다.

그 병을 발견한 동네 주민 찰리 로울리도 병이 났지만 살아남았다.

안타깝게도 그에게 향수병을 건네받은 여자 던 스터게스는 노비촉을 손목에 뿌렸고 결국 병원에서 숨을 거뒀다.

던 스터게스는 솔즈베리 사건에서 목숨을 잃은 유일한 사망자였다. 원래 암살 목표였던 세르게이 스크리팔과 그의 딸 율리아는 살아남았다.

경찰은 수천 시간에 달하는 CCTV 화면을 꼼꼼히 확인했다.

그리고 어설픈 러시안 암살자 두 명을 찾아냈다. 루슬란 보시로프와 알렉산더 페트로프는 그 주말에 한 번이 아니라 두 번이나 솔즈베리를 방문했다.

두 사람은 러시아 여권과 비자를 소지하고 모스크바에서 출발해 개트윅 공항으로 입국했다. 그들이 가짜 이름으로 여행하는 위장 첩보 요원일 수도 있다는 의혹이 제기됐다.

그들이 솔즈베리 기차역에 도착해서 스크리팔의 집이 있는 방향으로 걸어가는 모습과, 얼마 후 돌아오는 모습이 화면에 찍혔다. 눈에 띄게 안도하는 표정이었고, 페트로브는 씩 웃고 있었다.

모스크바로 돌아간 두 사람은 러시아 국영 텔레비전에 등장했다. 페트로프는 친구들이 솔즈베리가 '멋진 도시'라며 방문을 권했다고 말했다. 보시로프는 솔즈베리 성당과 첨탑이 인상적이었다고 덧붙였다. 무심코 나온 이들의 우스꽝스러운 연기는 온라인을 통해 전 세계의 웃음거리가 되었다.

온라인 조사 매체인 벨링캣이 마침내 그들의 정체를 밝혀냈다. 루슬란 보시로프는 많은 훈장을 받은 GRU 소속 아나톨리 체피가 대령이었고,

알렉산더 페트로프 역시 GRU 소속의 알렉산더 미슈킨 박사였다.

러시아 정부가 이 사건에 대한 영국의 해명 요구를 거절하자 영국 총리 테리사 메이는 2018년 3월 14일, 신경가스 공격에 대한 보복으로 일련의 조치를 발표한다.

영국은 보복 조치의 일환으로 러시아 외교관 23명을 추방했다. 테리사 메이는 이들이 영국 정부가 '신고되지 않은 정보 요원들'이라고 확인한 외교관들이라면서 '영국에 있는 러시아의 스파이 네트워크를 와해하려는 조치'라고 말했다.

서구의 20여 개 국가도 영국과 연대하여 러시아 외교관들을 추방했다. 대부분이 GRU 소속 요원들로, 대사관을 근거지로 하는 150여 명의 스파이들이 가방을 쌌다.

트럼프 대통령은 솔즈베리 독살 사건이 러시아의 소행이라는 걸 인정하기 꺼렸지만, 미국에서도 대대적인 러시아 스파이 정리 사태가 일어났다.

트럼프 행정부는 러시아 요원 60명을 추방했다. 그중에는 뉴욕에 있는 UN본부를 근거지로 하는 12명도 포함되었다.

또 트럼프 행정부는 시애틀에 있는 영사관을 폐쇄하여 미국 서해안에 있던 러시아 연방의 외교 대표부를 없앴다. 마침내 트럼프가 러시아에 강경하게 대응하기 시작한다는 조짐이었을까? 그런 것 같지는 않다. 트럼프의 국제 안보 자문이었던 존 볼턴에 따르면 트럼프가 러시아에 대한 경제 제재 조치가 발표된 후 다시 백지화하려고 했으며, 이렇게 생각했다고 한다.

우리가 푸틴한테 너무 심한 거 같아.

전직 KGB 소령이며 1980년대에 러시아 통신사 타스TASS의 워싱턴 통신원으로 위장해 활동했던 유리 슈베츠는 도널드 트럼프가 러시아의 자산으로 길러진 것이 틀림없다고 말한다.

갓 학생 신분일 때 모집되고 점차 중요한 요직으로 올라가는 전형적인 예입니다. 트럼프에게도 그와 비슷한 절차가 적용된 거예요.

《하우스 오브 트럼프, 하우스 오브 푸틴House of Trump, House of Putin》의 저자 크레이그 웅거는 트럼프에 대해 이렇게 말했다.

트럼프는 러시아의 자산이었습니다. 이 사람을 잘 개발하면 40년 후에 대통령이 될 거라는 거창하고 독창적인 계획 같은 건 아니었어요. 1980년 즈음, 처음 그런 작업에 착수할 때 러시아는 수십 명의 사람을 대상으로 삼아 공격적으로 모집했어요.

트럼프는 여러 면에서 완벽한 목표였습니다. 그의 허영심과 자기도취는 모집 대상으로 안성맞춤인 조건이었죠. 그는 40년간 공들여 관리되었고 대선까지 통과했어요.

한편 러시아에서는 2018년 5월 7일, 블라디미르 푸틴의 네 번째 러시아 대통령 임기가 시작된다. 그는 또 한 번 드미트리 메드베데프를 불러 정부를 구성한다.

2년 후인 2020년 1월, 드미트리 메드베데프 국무총리를 포함해 푸틴의 내각 전체가 갑자기 사임한다. 상정된 헌법 개정안에 의한 변화가 순조롭게 이루어지도록 지원하는 움직임이었다.

이 개정안에는 푸틴의 임기 횟수를 0으로 되돌리는 내용이 들어 있어서 앞으로 6년 임기의 대통령직을 두 번 더 수행할 수 있고, 2036년까지 대통령으로 남아 있을 수 있었다.

그때면 난 83세야.

다른 개정안들로는 동성 결혼 법적 금지, 신에 대한 믿음 선언, 그리고 러시아의 불법 크름반도 합병을 중단하는 어떤 법안도 생기지 못하게 막을 수 있는 내용 등이 있었다.

크름반도

전직 국무총리 메드베데프는 연방안전보장회의 부의장으로 강등되었다.

푸틴은 연방국세청 청장 미하일 미슈스틴을 새 국무총리로 임명한다.

헌법 개정안에 대한 국민투표는 2020년 6월 25일에서 7월 1일까지 실시되었다. 78퍼센트에 달하는 투표자들이 푸틴의 권력 강화를 지지했다.

러시아의 독립 투표 감시 단체인 골로스*는 선거 과정에 민주주의에 위배되는 점이 많았다는 혐의를 제기했다.

* 골로스는 '투표' 혹은 '목소리'라는 뜻이다.

그들의 비판 내용 중 일부는 이랬다. 야당 후보자들은 여론을 통한 선거운동을 금지당했다. 원격 전자 투표는 불법적 기준을 토대로 준비되었고, 선거 감시단도 정부 기관이 임명했다.

저 표들은 없애버려.

그해에 일어난 정치적 변화는 그뿐만이 아니었다. 12월에 푸틴은 러시아의 대통령들과 가족들에게 평생 형사고발 대상에서 제외되는 면책권을 부여하는 개정안에 서명하여 법으로 통과시켰다.

새로운 법에 따르면 전직 대통령들은 형사고발 혹은 행정고발 면제 대상이며 감금 또는 체포당할 수 없고, 조사와 심문의 대상이 되지 않는다.

2020년에 푸틴은 분명 퇴임 후를 고려하고 있었고, 대통령일 때 그를 따랐던 모든 사람에게서 자신의 신변 안전을 확보하려 했던 게 분명했다. 그는 또 자신의 건강을 챙기는 데도 여념이 없었는데…

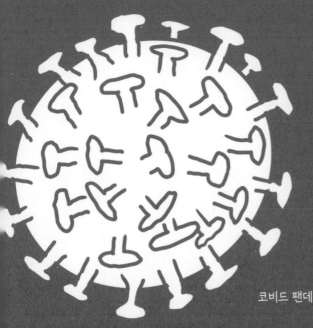

그리고
코비드가
터졌다

코비드 팬데믹이 전 세계를 휩쓸고 있을 때도 그랬다.

극심한 급성 호흡기 증후군에 의한 코로나바이러스 코비드19는 맨 처음 2019년 12월에 중국 우한에서 감지되었다.

세계보건기구는 2020년 1월에 국제적인 공중 보건 비상사태를 선포했고 뒤이어 2020년 3월에 팬데믹을 선포했다.

팬데믹 상황에서 푸틴과 러시아 당국은 러시아의 사망률을 축소했다. 크렘린은 2020년 12월 말에도 사망자 수가 5만 7000여 명이라고 주장했다.

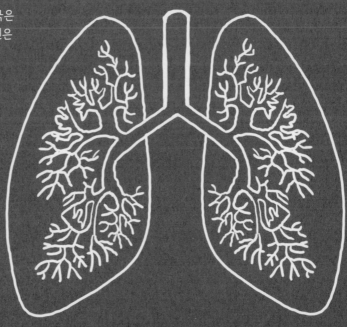

이처럼 이례적으로 낮은 사망률에 대해 해외 전문가들과 러시아 의사들 모두 터무니없는 수치라고 일축했다. 빈틈없이 꽉꽉 들어찬 병원들과 길게 늘어선 구급차에서 의료계 종사자들의 사망률에 이르기까지 다른 모든 지표를 보면 러시아 역시 팬데믹에 큰 타격을 받은 나라임이 틀림없었고, 기적적으로 해를 입지 않은 유일한 나라의 모습은 전혀 아니었다.

2020년 12월, 사회부 담당 부총리 타티아나 골리코바는 마침내 실제 사망자 수가 18만 명을 넘는다고 인정했다.

같은 달에 코비드19 백신 스푸트니크 V가 긴급으로 대량 배포되었다. 초기에는 스푸트니크 V가 최종 테스트 수치가 발표되기도 전에 배포되었다는 논란이 일었다. 그러나 영국 의학 잡지 <란셋The Lancet>에 발표된 결과에 의하면 스푸트니크 V가 코비드19에 약 92퍼센트의 효과를 보인다고 한다.

푸틴은 바이러스를 피하기 위해 가능한 모든 예방책을 동원했다. 그는 2020년의 대부분을 모스크바 밖에 있는 자신의 별장에서 은둔했다. 방문객들이 푸틴을 만나려면 2주간의 격리 기간을 거쳐야만 했고, 해제되고 나서는 사방에서 살균제가 분사되는 특수 복도를 지나야만 했다.

러시아 야권의 지도자인 알렉세이 나발니는 푸틴의 과도한 경계심을 조롱하며 비웃었다.

딱 벙커에 숨은 할아버지 꼴.

변호사인 나발니는 반정부 시위를 이끌고 러시아에 만연한 부패에 맞서 개혁을 주장하며 대선 후보로 나서서 국제적인 명성을 얻은 인물이다.

〈월스트리트 저널〉은 '러시아미래당' 대표인 나발니를 '블라디미르 푸틴이 가장 두려워하는 자'라고 묘사했다.

나발니는 러시아와 우크라이나계 후손이다. 그는 모스크바에서 서남쪽으로 약 100킬로미터 떨어진 오브닌스크에서 자랐지만 어린 시절에는 여름이면 우크라이나에 있는 할머니 집에서 지냈기 때문에 우크라이나 말을 유창하게 할 수 있다.

ПУТІНА— ГЕТЬ.*

* 푸틴 타도.

2011년 한 라디오와의 인터뷰에서 나발니는 러시아의 여당인 통합러시아당을 이렇게 불렀다.

사기꾼과 도둑놈들의 정당.

그는 정부 요원에 대한 반항, 불법 시위 조직 및 횡령과 같은 거짓 혹은 날조된 혐의들로 기소되어 열 번도 넘게 감옥에 갇혔고, 구금당한 날만도 수백 일이 넘는다. 국가에서 장악한 텔레비전 채널에 출연을 금지당하자 나발니는 대중에게 다가갈 수 있는 새로운 방법을 찾아야 했다. 그의 유튜브 채널 구독자는 650만 명이 훌쩍 넘고 트위터 팔로워도 200만 명이 넘는다.

2017년 나발니와 반부패재단FBK은 유튜브에 〈히 이즈 낫 디몬 투 유He is not Dimon to you*〉라는 제목의 다큐멘터리를 올린다. 이는 당시 국무총리이자 전 러시아 대통령이었던 드미트리 메드베데프의 부정부패를 고발하는 내용의 영상이다.

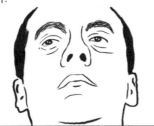

다큐멘터리는 메드베데프가 12억 달러를 횡령했다는 의혹을 제기했고, 이 영상은 러시아 전체에 대규모 시위가 일어나는 데 도화선이 됐다.

* 메드베데프의 언론 담당 비서가 메드베데프를 디몬으로 부르는 것을 비판한 인터뷰에서 따온 제목. 디몬이란 호칭은 주로 갱 집단에서 쓰인다—옮긴이 주.

또한 제1부총리인 이고르 슈발로프의 부패 의혹을 주장하는 다른 조사 내용도 제시했다. 백만장자인 로만 아브라모비치와 알리셰르 우스마노프가 소유한 회사들이 슈발로프의 회사로 수천만 달러를 이체한 사실을 폭로했고,

우스마노프가 영국 철강회사 코러스를 매입했을 때 슈발로프가 이익을 나눠 가졌다고 주장했다.

나발니는 자금 이체 사실을 보여주는 기록들을 자신의 블로그에 공개했다. 우스마노프와 슈발로프는 나발니가 공개한 자료들은 모두 합법적인 것이며 러시아법을 위반한 자금 이체가 아니라고 진술했다.

나는 이해 상충의 규정과 원칙을 확고하게 준수합니다. 변호사에게 매우 신성한 의무이죠.

나발니는 또 러시아 국가근위대 대장이자 러시아 안보회의 의원인 빅토르 졸로토프가 러시아 국가근위대 조달 계약을 통해 최소 2900만 달러를 빼돌렸다고 주장했다.

나중에 빅토르 졸로토프는 비디오 메시지를 통해 나발니에게 공개 결투를 신청했다.

당신에게 결투를 신청한다. 링이건 유도 매트이건 어디서든 한판 붙자. 당신을 납작하게 만들어주겠다.

이런 협박이 우스갯소리로 들릴 수도 있지만, 지금까지 본 것처럼 푸틴과 그의 범죄 협력자들에게 반대하는 사람들은 총에 맞아 죽거나 알 수 없는 병에 걸리는 게 익숙한 패턴이다.

2020년 8월 20일, 나발니는 시베리아의 톰스크에서 모스크바로 돌아오는 비행기 안에서 갑자기 정신이 혼미해지고 땀을 흘리기 시작한다.

출발한 지 약 10분 정도 지난 후 그는 정신을 잃고 쓰러진다.

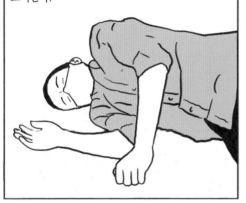

비상착륙 후 나발니는 옴스트 지역 병원의 독극물 담당부로 호송되었다.

8월 22일, 나발니 가족의 요청으로 나발니는 독일 응급 의료 헬기로 베를린에 있는 샤리테 병원으로 이송되었다.

다수의 독자적인 실험실에서 실시한 테스트 결과 나발니가 노비촉과 같은 종류의 신경가스에 중독된 사실이 드러났다. 이는 2018년에 전 러시아 스파이 세르게이 스크리팔에게 사용됐던 것과 비슷한 물질이다.

$$H_3C - \overset{\overset{\displaystyle O}{\|}}{\underset{\underset{\displaystyle F}{|}}{P}} - N \diagdown \diagup \overset{}{\underset{N}{\diagdown}}$$

9월 7일, 의사들은 약물을 사용해 유도했던 인위적인 혼수상태에서 나발니를 깨운다.

9월 14일, 나발니는 인공호흡기를 뗐고 침대에서 일어날 수 있게 된다.

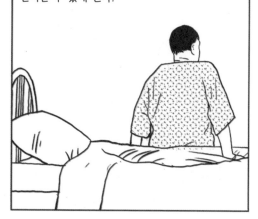

9월 15일, 나발니는 중독된 후 처음으로 병원 침대에서 찍은 사진을 소셜 미디어에 올린다.

9월 22일, 샤리테 병원의 의사들은 나발니가 퇴원해도 좋을 만큼 건강해졌다고 발표한다.

나발니는 자신의 독극물 중독 사건 배후에 푸틴이 있다고 단언한다. 노비촉 사용을 지시할 수 있는 사람은 오로지 3명뿐이기 때문이다.

FSB의 국장, 해외정보국의 국장 혹은 GUR의 국장. 푸틴의 직접적인 명령이 없으면 이들 중 누구도 단독으로 결정을 내릴 수 없다.

나발니는 비행기에 탑승했을 때는 아무렇지 않았는데 어느 순간 갑자기 몸에 심각한 이상이 생겼다는 느낌이 들었다고 말했다.

그는 자신에게 일어난 일을 설명할 만한 표현이 없다고 말했다. 노비촉은 신경계를 공격하기 때문에 그는 점차 호흡이 곤란해졌다.

걸을 수 있고 말할 수 있고 볼 수 있었지만, 극도로 힘들었다. 15분 후 나발니는 자신이 죽어가고 있음을 깨달았다.

2020년 12월 21일, 나발니는 한 영상을 공개했다. 영상 속에서 나발니는 러시아 안보 요원으로 위장하고 콘스탄틴 쿠드랴체프라는 이름의 화학무기 전문가와 전화 통화를 시도한다.

나발니는 러시아 국가안전보장회의 서기인 니콜라이 파트루셰프의 보좌관 행세를 하며 암살 작전에 관해 이야기하고 실패한 원인이 무엇인지 자세하게 물었다.

쿠드랴체프는 독극물이 나발니의 옷에 묻어 있었으며 특히 그의 속옷에 집중적으로 묻어 있었다고 말했다. 만약 비행기가 비상착륙을 하지 않고, 구급대원들이 활주로에서 긴급 대응을 하지 않았다면 나발니는 죽었을 거라고도 했다.

2021년 1월 17일, 거의 5개월간 독일에서 건강을 회복한 나발니는 도착하자마자 체포될 것을 잘 알면서도 러시아로 돌아온다.

나발니가 탑승한 비행기는 원래 모스크바의 브누코보 공항에 착륙할 예정이었으나 착륙 직전 갑자기 셰르메티예보 공항으로 방향을 바꾼다.

모스크바 검찰이 경고했음에도 나발니의 귀환을 환영하기 위해 공항에 모인 수백 명의 인파와 여론의 눈초리를 피하기 위해서였다.

연방 교도국에 따르면 나발니는 '집행유예 조건을 위반하고 러시아를 나간 죄'로 출입국 관리소에서 구금됐다.

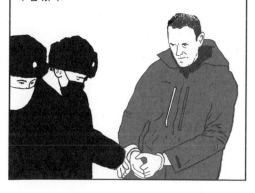

그는 결국 횡령죄로 3년 6개월 형을 선고받았다. 푸틴 정권이 정적들을 감옥에 가두기 위해 주로 써먹는 죄목이었다.

이 책을 쓰는 시점에도 나발니는 여전히 갇혀 있으며 24일 동안의 단식 투쟁으로 죽을 고비를 넘긴 그는 체력적으로 매우 쇠약해진 상태다.

알렉세이 나발니는 자유주의 덕목의 모범인가?
전혀 그렇지 않다. 나발니는 과거에 인종 차별적인
발언을 했다.

2007년 총포 소지를 지지하는 비디오에서 그는
자신을 '공인된 애국주의자'라고 칭하며
이슬람교도를 '파리와 바퀴벌레'에 비교했다. 그때
비디오 속 영상에는 수염 난 이슬람교도 남자들의
모습이 보인다.

비디오를 공개하기 직전에 나발니는 러시아의 가장
오래된 자유민주당인 야블로코에서 쫓겨났는데,

이는 그의 '애국주의자적 관점' 때문이기도 하고
그가 수천 명의 극우 애국주의자들과 백인
우월주의자들의 연례 집회인 러시아인의 행진에
참여했기 때문이기도 했다.

러시아인의 행진에 참여한 사람들은 구소련 당시
중앙아시아와 러시아에서 이슬람교도 인구가
가장 많은 북부 캅카스 지역에서 유입되는 이주
노동자들에 반대하는 집회를 열었다.

2013년 이후 나발니는 러시아인의 행진에 더는
참여하지 않았고 애국주의자적 발언을 줄였다.
그가 반부패 조사에 집중하기 시작한 것도
이 무렵이었다.

ФОНД БОРЬБЫ
С КОРРУПЦИЕЙ

* 반부패재단

나발니가 이런 혐오스러운 관점들을 지녔는데도 그를 지지할 가치가 있을까? 물론이다. 이는 단순히 나발니 대 푸틴의 문제가 아니라 민주주의 대 독재주의의 문제이기 때문이다. 만약 국제적인 관심이 민주주의 운동이 아니라 오로지 한 개인에 초점을 맞춘다면 러시아에서의 반정부 운동의 발전은 저해될 것이다.

또한 푸틴의 독재주의에 대한 민주 세계의 반응을 억제할 수 있다. 게다가 과거 나발니의 백인 우월-애국주의자적인 발언들은 증오할 만하지만, 그의 반부패재단은 여전히 푸틴 정권의 범죄 행위를 폭로하는 데 중요한 역할을 하고 있다.

예를 들면 나발니가 체포되고 이틀 후, 반부패재단은 〈푸틴의 궁전. 세계에서 가장 큰 뇌물의 역사〉라는 제목의 비디오를 공개했다.

나발니는 흑해 연안에 있는 겔렌지크라는 도시에 13억 5000만 달러의 불법 자금으로 건설된 호화롭기 그지없는 건물이 있다고 밝히며,

이 성의 주인이 블라디미르 푸틴이라고 폭로했다.

성안에는 자체 항구와 포도밭, 교회, 지하 하키장, 온실, 두 개의 헬리콥터 발착장이 있고,

원형극장, 영빈관 그리고 해변으로 연결되는 터널도 갖추고 있다.

본관 안에는 수영장과 사우나, 터키식 목욕탕, 온실, 독서실, 음악 라운지, 극장, 와인 창고와 12개가 넘는 손님방이 있고,

접어 넣을 수 있는 스트리퍼 폴이 설치된 물담배 라운지, 개인 카지노, 비디오 게임장, 장난감 자동차로 놀 수 있는 특별한 방도 있다.

부동산 자체만 봐도 가까이에 있는 인구 5만 명의 휴양 도시 겔렌지크보다 거의 4배나 더 크며 비행 금지 지역으로 규정한 영공과 해안 완충 지대로 둘러싸여 있는 지형 덕분에 조사를 피할 수 있는 구조다.

푸틴은 성이 자신의 소유라는 주장을 부인했다.

그 영상에 나온 모든 것은 내 소유도, 가까운 친척의 소유도 아니다. 절대!

비디오는 포탄 회사들이 푸틴의 측근들을 비롯해 그의 가족들 및 내연녀들과 어떻게 연결되어 있는지 상세한 윤곽을 제시하며 푸틴이 세상에 잘 알려지지 않은 최고 갑부임이 틀림없다는 강력한 주장으로 마무리된다.

블라디미르 푸틴은 과연 얼마나 부자일까? 정확히 아는 건 불가능하다. 그러나 푸틴의 범죄 연합이 20여 년간 러시아의 재산을 약탈해왔으니 모르긴 몰라도 수십 억 달러에 이르는 게 틀림없다.

한때 러시아에서 가장 규모가 큰 포트폴리오 투자자였던 회사의 헤지펀드 매니저인 빌 브라우더는 2017년 미국 의회에서 증언할 때 이렇게 주장했다.

나는 푸틴이 불법으로 획득한 재산이 2000억 달러에 달할 것으로 추정합니다.

그렇다면 푸틴은 공식적으로 알려진 4명의 부자 제프 베조스, 일론 머스크, 베르나르 아르노와 빌 게이츠보다 더 돈이 많다는 뜻이다.

푸틴은 러시아 연방의 영토에 속해 있는 건 무엇이든 다 자기 것으로 생각해요.

세르게이 푸가체프
망명한 러시아 은행가

어떻게든 푸틴의 순자산을 계산해보려고 해봐야 성공 못 할 겁니다. 그가 권력에서 물러날 때까지는 그가 세상에서 가장 돈이 많은 사람입니다.

러시아에서 푸틴의 지시를 받고 그를 위해 살인, 고문, 납치, 금전 착취, 부동산 몰수를 전담하는 요원들이 대략 1만여 명에 달합니다.

푸틴의 이름으로 등록된 돈은 단 한 푼도 없습니다. 모두 다른 사람들의 이름으로 되어 있죠.

이런 돈을 대신 가지고 있는 사람들은 대부분 푸틴이 대통령이 되기 전에 가깝게 지낸 사람들로 보인다. 푸틴의 어린 시절 친구인 피터 콜빈도 그렇다. 전직 정육점 주인인 콜빈은 조용히 살며 자신은 사업가가 아니라고 부인한다.

그런데도 어찌 된 영문인지 그는 한때 러시아에서 생산되는 전체 오일의 1/3가량을 거래한 회사의 주주로 이름이 올라 있다.

또 세르게이 롤두긴도 있다. 첼로 연주자이며 푸틴의 오랜 친구로 딸 마리아의 대부이기도 하다. 롤두긴 역시 사업가가 아니라고 주장하지만,

파나마 페이퍼스panama papers*에 의하면 중고 첼로를 사용하는 이 음악가는 유동 자금 20억 달러 규모의 회사들을 소유하고 있다.

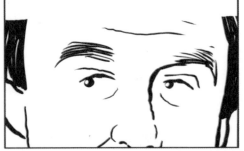

브라우더는 콜빈이나 롤두긴 같은 사람들을 '명의자'라고 부르는데 이들은 이러한 자산의 공식적인 소유주일 뿐, 실상은…

모두 푸틴의 개인적인 재산이에요.

* 세계에서 네 번째로 규모가 큰 역외금융 전문 법률회사인 모색 폰세카의 데이터베이스에서 유출된 1150만 건의 자료.

푸틴은 범죄 카르텔 자산의 대부분을 러시아 밖에 보관하고 있다. 세계 자산 건전성 및 국가 경제 연구소는 해외에 은닉된 러시아의 개인 소유 자산이 통틀어 8000억 달러에서 1조 3000억 달러에 달할 것으로 추정한다.

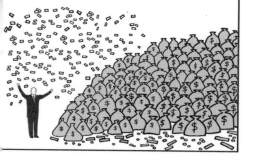

러시아 역외 금융 자산은 대체로 두 나라, 특히 미국과 영국으로 유입된다. 다른 나라들과 달리 두 나라는 대규모 부동산에 대한 익명 투자를 허용하고 있기 때문이다.

런던 땅 대부분을 사겠습니다.

2015년, 미국 재무부는 미국에서 돈이 세탁되는 액수가 연간 3000억 달러에 이른다고 추산했다. 그중에서 미국 정부가 감지한 금액은 겨우 0.1퍼센트 정도에 불과했다. 터무니없이 적은 돈이다.

뉴욕 땅 대부분을 사겠습니다.

익명의 회사들도 얼마든지 미국에 투자를 할 수 있다 보니 돈의 출처를 밝혀내는 건 거의 불가능에 가깝다.

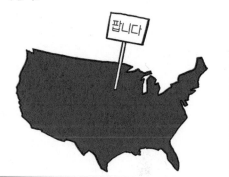

팝니다

영국도 마찬가지다. 영국 국가범죄수사국은 약 1200억 달러에 이르는 돈이 매년 영국에서 세탁되고 있다고 추산한다.

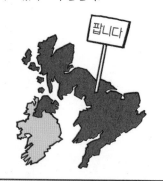

팝니다

벤 유다는 푸틴 정권은 돈세탁을 중심으로 돌아간다고 말한다. 훔친 자산들을 세계 금융 시스템에 밀접하게 융합되는 방법으로 재분배한다는 것이다.

빌 브라우더는 이 점이 푸틴 정권의 최대 취약점이라고 믿는다. 푸틴과 그의 사기꾼 친구들이 우리의 경제에 접근할 수 없도록 차단하면 그들의 절도 행각에 막대한 손상을 입힐 수 있고, 러시아 국내와 해외에서 그들의 세력을 약화시킬 수 있다는 게 그의 핵심 관점이다.

영국 시민인 브라우더는 10년간 모스크바에 살았으며, 그 시기에 러시아 경제에서 가장 중요한 투자자 중 한 명이었다. 그의 펀드 허미티지 캐피털의 자산 가치는 45억 달러에 이른다.

그는 러시아의 부패 상황을 직접 목격하고 주주행동주의자가 되어 가즈프롬, 수르구트네프테가즈, 유니파이드에너지시스템스, 시단코와 같은 러시아 대기업들에 개입했다.

2005년, 일주일간 런던에서 가족들을 방문하고 돌아온 그는 모스크바 세르메티예보 공항에서 붙잡혔고… 곧이어 추방당했다.

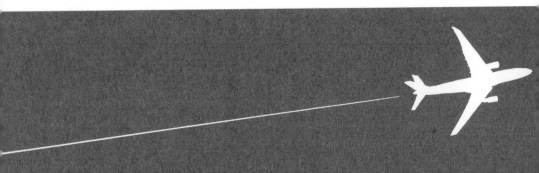

그리고 얼마 안 가서 브라우더의 비자가 취소되었고 러시아의 국가 안보를 위협하는 인물 명단에 올랐다. 러시아 당국은 그를 추방하고 나서 곧 그의 사무실을 급습해 허미티지 펀드의 투자 회사들을 장악하고, 그 회사들을 이용해서 세금 명목으로 2300만 달러를 빼앗았다. 허미티지가 이미 납부한 금액이었다.

허미티지 직원들 대부분은 해외로 도피했으나 변호사이자 세금 감사관인 세르게이 마그니츠키는 모스크바에 남아 이 사기 행각을 파헤쳤다.

마그니츠키가 비난한 정부 관계자들이 그를 체포해서 감옥에 가두었고, 그는 교도관들에게 폭행을 당했다. 마그니츠키는 치료를 거부했고 2009년 감금된 상태에서 사망했다.

이것이 브라우더의 개혁 운동에 도화선이 되었다. 세르게이마그니츠키법이 2012년에 미국에서 통과됐다.

그 후로 푸틴이 국제 관계에서 가장 중점을 둔 부분은 아마 마그니츠키법의 폐지였을 거예요. 그러나 그의 노력은 수포로 돌아갔어요. 법안은 폐지되지 않았을뿐더러 영국과 캐나다, 지브롤터를 포함해 6개 국가로 퍼져나갔습니다.

이 법안이 통과된 나라에서는 세르게이 마그니츠키 살인에 관련된 사람들처럼 명단에 이름이 오른 사람들의 입국을 금지할 수 있고, 그들의 자산이 발견되면 무조건 동결시킬 수 있다. EU는 2020년 12월에 마그니츠키법을 도입했으며 호주를 비롯해 이 법안의 제정을 고려하는 나라들이 점점 더 늘어나고 있다.

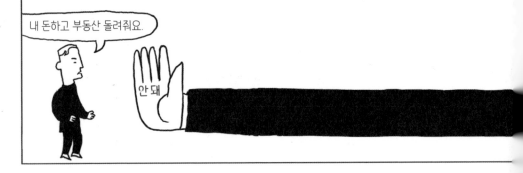

내 돈하고 부동산 돌려줘요.

안돼

이것은 단지 시작일 뿐이어야 한다. 영국과 미국은 러시아 기업이 대부분인 익명의 회사들이 자기들 나라에서 돈세탁하는 걸 허용함으로써 어떤 피해가 발생했는지 관심을 가지고 따져봐야 한다. 탐욕이 정책을 좌우해선 안 되고, 도덕적 원칙을 무시해도 안 된다.

국내외를 막론하고 인권을 침해하며 반대자들을 탄압해온 크렘린을 벌하기 위한 구체적인 노력이 이미 오래전부터 존재했어야 했다.

세계는 더는 푸틴 정권이 정상적인 국가라도 되는 듯 방관하고 있어선 안 된다. 푸틴과 그의 범죄 집단은 그들이 저지른 인권 침해와 암살, 사이버 공격, 서구 세계에 대한 공격, 허위 정보 선전, 그리고 우크라이나의 불법 합병 행위에 관해 가장 강력한 경제 제재 조치와 정치적 고립을 당해 마땅하다.

지금의 러시아는 백인 정체성을 기반으로 한 사회이며 반대파를 탄압하고 과거에 대한 향수에 빠져서 아무렇지 않게 선거를 조작해 겉으로만 민주주의 국가인 척 행세하며, 부자와 강자에게 잔혹한 통제를 허용하고 있다.

푸틴을 옹호하는 변명을 늘어놓거나 그의 범죄 행위를 인정하려 들지 않는 서구 정치인들은 그저 세상 물정에 어두운 것이거나, 최악의 경우 그 범죄에 연루되어 있는 게 분명하다. 푸틴은 진짜 모습 그대로 공개적인 비판을 받아야 한다.

푸틴은 국제적으로 존중받는 지도자로 인정받을 수 없고, 암살단과 화학무기 실험실을 거느린 잔인한 KGB 마피아로 받아들여져야 한다.

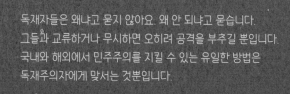

독재자들은 왜냐고 묻지 않아요. 왜 안 되냐고 묻습니다. 그들과 교류하거나 무시하면 오히려 공격을 부추길 뿐입니다. 국내와 해외에서 민주주의를 지킬 수 있는 유일한 방법은 독재주의자에게 맞서는 것뿐입니다.

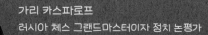

가리 카스파로프
러시아 체스 그랜드마스터이자 정치 논평가

푸틴은 전 세계 악당들을 후원하여 그들에게 힘을 실어주고 있다. 그의 성공이 다른 독재자들에게 자극이 되어 자기 나라에서 자유를 탄압하도록 장려하는 셈이다. 푸틴이 없으면 그들은 붕괴할 가능성이 크고, 자신들이 저지른 만행으로 받게 될 처벌을 두려워하게 될 것이다. 푸틴을 처벌해야 민주주의를 촉진할 수 있다.

살인과 부패는 처벌받아 마땅한 죄로 절대 보상을 받아서는 안 된다. 우리가 어느 곳에서나 민주주의와 발언의 자유, 그리고 법을 지지하지 않으면 이러한 가치들은 시들어버리고 말 것이다.

아무 행동도 하지 않으면 푸틴은 온 세계를 더욱 강하게 거머쥘 것이다. 행동에 옮겨야 러시아 내부의 민주주의를 흔들어 깨울 수 있고, 푸틴 정권이 저지르는 부패가 우리나라와 다른 나라로 퍼지는 걸 막을 수 있다.

선택은 단순하다.
민주주의인가, 독재주의인가.
선택은 우리에게 달려 있다.

감사의 말

책을 낼 때마다 매번 똑같은 내용의 감사 인사를 쓰고 있지만 언제나 진심이다. 이 책을 그리고 쓰는 동안 정보를 얻은 저작물들의 주인인 여러 저널리스트에게 큰 빚을 졌다. 이번에는 특히 가리 카스파로프의 《윈터 이크 커밍Winter is Coming》, 캐서린 벨튼의 《푸틴스 피플Putin's People》, 마샤 게센의 《더 맨 위드아웃 어 페이스 The Man Without a Face》 그리고 마크 갈레오티의 《위 니드 투 토크 어바웃 푸틴We Need to Talk About Putin》에 많은 도움을 받았다. 푸틴과 러시아에 관해 더 자세한 내용을 알고 싶은 독자들은 반드시 읽어야 할 책들이다

또 감사 인사를 전할 사람들이 있다. 비르피 오이노닌, 안나와 앤디 밀러, 브라이언 탤벗, 로빈 잉스, 에일 린 건과 왕립 문학 기금, 조너선 에드워즈, 루이스 에반스, 조 잉골드, 니콜라 톰스, 어비드 스탄, 길 로스, 헬 클라크, 피트 애쉬튼, 페이지45의 스티븐 홀랜드와 조너선 릭비, OK코믹스의 자레드 마이랜드, 셀리나 록, 티븐 와이너, 리즈 루니, 조셉 휴잇, 스티븐 몰티보이, 짐 두건, 마이클 그린, 스콧 매클라우드, MK 체르윅, 패트 리샤 프레이저, 애덤 히버드, 마리온 밀라드, 사만다 맥더모트, 제임스 랜델, 루벤 윌모트, 지트 히어 그리고 리 바커에게 감사한다.

미리어드에디션스의 캔디다 레이스에게 고마움을 전하며, 이 책을 위해 산더미 같은 일을 맡아준 편집자 코린 펄만과 교정자 빅키 히스실크에게 고개 숙여 감사 인사를 보낸다.

그리고 무엇보다도 지속적이고 흔들림 없는 사랑과 지지를 보내주는 보니 밀라드에게 마음속 깊이 감사 인사를 전한다.

도서

Putin V. *First Person: An Astonishingly Frank Self-Portrait by Russia's President.* PublicAffairs (Perseus Books): United States; 2000.

Kasparov G. *Winter Is Coming: Why Vladimir Putin and the Enemies of the Free World Must Be Stopped.* Atlantic Books: London; 2015.

Belton C. *Putin's People: How the KGB Took Back Russia and then Took on the West.* William Collins (Harper Collins Publishers): London; 2020.

Myers SL. *The New Tsar: The Rise and Reign of Vladimir Putin.* Simon & Schuster: London; 2015.

Gessen M. *The Man Without a Face: The Unlikely Rise of Vladimir Putin.* Granta: London; 2013.

Galeotti M. *We Need to Talk About Putin: How the West Gets Him Wrong.* Ebury Press (Penguin Books): London; 2019.

Yeltsin B. *Against the Grain: An Autobiography.* Simon & Schuster: United States; 1990.

Vaksberg A (translated McGregor P). *Toxic Politics: The Secret History of the Kremlin's Poison Laboratory – from the Special Cabinet to the Death of Litvinenko.* Praeger (ABC-CLIO): United States; 2011.

Judah B. *Fragile Empire, How Russia Fell In and Out of Love with Vladimir Putin.* Yale University Press: United States; 2013.

Patrikarakos D. *War in 140 Characters: How Social Media is Reshaping Conflict in the 21st Century.* Basic Books (Hachette Book Group): New York; 2017.

Weissmann A. *Where Law Ends: Inside the Mueller Investigation.* Random House (Penguin Random House): United States; 2020.

웹사이트

Berger M, Boris N. Yeltsin, Reformer Who Broke Up the U.S.S.R., Dies at 76. *The New York Times.* 2007 April 24. https://www.nytimes.com/2007/04/24/world/europe/24yeltsin.html (accessed 2020 January 3).

Nadler G. Yeltsin Reflects on Drinking, Lewinsky Scandal. *ABC News.* 2006 January 6. https://abcnews.go.com/International/story?id=82447&page=1 (accessed 2020 January 4).

Harding L. Marina Salye obituary. *The Guardian.* 2012 March 28. https://www.theguardian.com/world/2012/mar/28/marina-salye (accessed 2020 January 4).

Belton C. The inside story of how Putin and his KGB cronies took control of Russia. *The Sunday Times.* 2020 March 29. https://www.thetimes.co.uk/article/the-inside-story-of-how-putin-and-his-kgbcronies-took-control-of-russia-prknjjhgh (accessed 2020 January 7).

Opponent of Putin shot dead outside his flat. *The Irish Times.* 2003 April 18. https://www.irishtimes.

com/news/opponent-of-putinshot-dead-outside-his-flat-1.356097 (accessed 2020 January 10).

Gessen M. The best theory for explaining the mysterious death of Putin's mentor. *Business Insider*. 2015 February 17. https://www.businessinsider.com/the-mysterious-death-of-putins-mentor-2015-2?r=US&IR=T (accessed 2020 February 25).

Salter L, Lopez L, and Kakoyiannis A. How the 1999 Russian apartment bombings led to Putin's rise to power. *Business Insider*. 2021 April 7. https://www.businessinsider.com/how-the-1999-russian-apartment-bombings-led-to-putins-rise-to-power-2018-3?r=US&IR=T (accessed 2021 April 10).

Mizokami K. The True Story of the Russian Kursk Submarine Disaster. *Popular Mechanics*. 2018 September 28. https://www.popularmechanics.com/military/navy-ships/a23494010/kursksubmarine-disaster (accessed 2021 April 18).

Traynor I. Putin aims Kursk fury at media. *The Guardian*. 2000 August 25. https://www.theguardian.com/world/2000/aug/25/kursk.russia2 (accessed 2021 June 7).

알렉산더 리트비넨코 독살

Dejevsky M. The weird world of Boris Berezovsky: Alexander Litvinenko's inquest has provided an intriguing insight into the dead tycoon. *The Independent*. 2015 March 18. https://www.independent.co.uk/news/world/europe/weird-world-borisberezovsky-alexander-litvinenko-s-inquest-has-provided-intriguinginsight-dead-tycoon-10117927.html (accessed 2021 April 23).

Starobin P. My Lunch With Litvinenko. *The Atlantic*. December 2006. https://www.theatlantic.com/magazine/archive/2006/12/my-lunch-with-litvinenko/305472 (accessed 2020 February 2).

Encyclopaedia Britannica. Mikhail Gorbachev president of Soviet Union. 2021 March 16. https://www.britannica.com/biography/Mikhail-Gorbachev (accessed 2021 June 3).

Ray M. Mikhail Khodorkovsky Russian businessman. *Encyclopaedia Britannica*. 2020 June 22. https://www.britannica.com/biography/Mikhail-Khodorkovsky (accessed 2020 February 3).

Ferris-Rotman A. Britain regrets Russia's Lugovoy elected to Duma. *Reuters*. 2007 December 7. https://www.reuters.com/article/usrussia-britain-lugovoy/britain-regrets-russias-lugovoy-elected-toduma idUSL0749585820071207 (accessed 2021 June 6).

HC Deb. Litvinenko Inquiry – in the House of Commons. *They Work For You*. 2016 January 21. https://www.theyworkforyou.com/debates/?id=2016-01-21b.1569.0#g1578.0 (accessed 2021 June 6).

BBC. Alexander Litvinenko: Profile of murdered Russian spy. 2016 January 21. https://www.bbc.co.uk news/uk-19647226 (accessed 2021 June 6).

Dow Jones & Company. Poisonous Chain of Events. *The Wall Street Journal Online*. 2006. http://www wsj.com/public/resources/documents/info-russspy06-time.html?printVersion=true (accessed 202 February 22).

Harding L. Alexander Litvinenko and the most radioactive towel in history. *The Guardian*. 2016 March 6 https://www.theguardian.com/world/2016/mar/06/alexander-litvinenko-and-the-mostradioactive towel-in-history (accessed 2020 February 22).

MacGill M (medically reviewed by Biggers A). Polonium-210: Why is Po-210 so dangerous? *Medical News Today*. 2017 July 28. https://www.medicalnewstoday.com/articles/58088 (accessed 2020 February 22).

모스크바 극장 포위전

Daniszewski J. First Fatality of the Crisis a Would-Be Good Samaritan. *Los Angeles Times*. 2002 October 26. https://www.latimes.com/archives/la-xpm-2002-oct-26-fg-victim26-story.html (accessed 2020 February 11).

BBC. Hostages speak of storming terror. 2002 October 26. http://news.bbc.co.uk/1/hi/world/europe/2363679.stm (accessed 2021 June 6).

Krechetnikov A. Moscow theatre siege: Questions remain unanswered. *BBC News*. 2012 October 24. https://www.bbc.co.uk/news/world-europe-20067384 (accessed 2021 June 6).

Al Jazeera. Siege victims blame Russian authorities. 2003 October 20. https://www.aljazeera.com/news/2003/10/20/siege-victimsblame-russian-authorities (accessed 2021 June 6).

베슬란 포위전

Khomami N, and agencies. Russia could have done more to prevent Beslan school siege, court finds. *The Guardian*. 2017 April 13. https://www.theguardian.com/world/2017/apr/13/russiacould-have-done-more-to-prevent-beslan-school-siege-court-finds (accessed 2020 February 13).

The Guardian, and agencies. Timeline: the Beslan school siege. 2004 September 6. https://www.theguardian.com/world/2004/sep/06/schoolsworldwide.chechnya (accessed 2020 February 17).

영문 모를 죽음들

Politkovskaya A. Poisoned by Putin. *The Guardian*. 2004 September 9. https://www.theguardian.com/world/2004/sep/09/russia.media (accessed 2021 June 6).

Simon S. Why Do Russian Journalists Keep Falling? *NPR*. 2018 April 21. https://www.npr.org/2018/04/21/604497554/why-dorussian-journalists-keep-falling?t=1618154765917 (accessed 2020 February 17).

The Associated Press. A List of Murdered Russian Journalists That Moscow Says It Didn't Kill. *Haaretz*. 2018 May 30. https://www.haaretz.com/world-news/europe/a-list-of-murdered-russianjournalists-that-moscow-says-it-didn-t-kill-1.6133887 (accessed 2020 February 17).

Harding L. Colleagues urge investigation into Russian journalist's death. *The Guardian*. 2009 December 1. https://www.theguardian.com/world/2009/dec/01/olga-kotovskaya-journalist-deathkaliningrad (accessed 2020 February 17).

Keating J. Interview: Boris Nemtsov. *Foreign Policy*. 2010 March 1. https://foreignpolicy.com/2010/03/01/interview-boris-nemtsov (accessed 2021 June 6).

Yaffa J. The Unaccountable Death of Boris Nemtsov. *New Yorker*. 2016 February 26. https://www.newyorker.com/news/news-desk/theunaccountable-death-of-boris-nemtsov (accessed 2020 March 4).

Human Rights Watch. Russia: New Anti-Gay Crackdown in Chechnya. Police Detain, Torture Men in Grozny. 2019 May 8. https://www.hrw.org/news/2019/05/08/russia-new-anti-gaycrackdown-chechnya (accessed 2020 March 5).

BBC. MH17 Ukraine plane crash: What we know. 2020 February 26. https://www.bbc.co.uk/news/world-europe-28357880 (accessed 2020 March 6).

NL Times. JIT: MH17 shot down with missile fired from pro-Russian rebel controlled field. 2016 September 28. https://nltimes.nl/2016/09/28/jit-mh17-shot-missile-fired-pro-russian-rebelcontrolled-field (accessed 2021 June 7).

Bond D. Russia a 'formidable adversary', say UK spymasters. *Financial Times*. 2017 December 20. https://www.ft.com/content/ff155500-e5a3-11e7-8b99-0191e45377ec (accessed 2021 June 6).

Dennekamp G. Audio tapes of thousands of overheard conversations, a reconstruction of the MH17 disaster. *NOS*. April 11. https://nos.nl/nieuwsuur/artikel/2376246-audio-tapes-ofthousands-of-overheard-conversations-a-reconstruction-of-themh17-disaster.html (accessed 2021 April 11).

Solon O. How Syria's White Helmets became victims of an online propaganda machine. *The Guardian*. 2017 December 18. https://www.theguardian.com/world/2017/dec/18/syria-white-helmetsconspiracy-theories (accessed 2020 March 28).

Rahman-Jones I. Why does Russia support Syria and President Assad? *BBC News*. 2017 April 11 https://www.bbc.co.uk/news/newsbeat-39554171 (accessed 2020 March 10).

The New Arab, and agencies. Cost of Syria war destruction almost $400 billion, UN estimates. 2018 August 9. *The New Arab*. https://english.alaraby.co.uk/english/news/2018/8/8/cost-of-syria wardestruction-almost-400-billion-un (accessed 2020 March 10).

McKernan B. OPCW report set to blame Syria chemical attacks on Bashar al-Assad. *The Guardian* 2020 April 6. https://www.theguardian.com/world/2020/apr/06/report-set-to-blame-syriachemical attacks-on-bashar-al-assad (accessed 2020 April 6).

Alami M. Russia's disinformation campaign has changed how we see Syria. *Atlantic Council*. 201 September 4. https://www.atlanticcouncil.org/blogs/syriasource/russia-s-disinformationcampaign has-changed-how-we-see-syria (accessed 2021 June 6).

Chulov M. How Syria's disinformation wars destroyed the co-founder of the White Helmets. *Th Guardian*. 2020 October 27. https://www.theguardian.com/news/2020/oct/27/syriadisinformation war-white-helmets-mayday-rescue-james-lemesurier (accessed 2020 March 28).

Yeung P. Russia committing war crimes by deliberately bombing civilians and aid workers, says Amnesty International. *The Independent*. 2016 February 21. https://www.independent.co.uk/news/world/middle-east/russia-civilians-war-crimes-amnestyinternational-a6887096.html (accessed 2020 March 28).

트럼프와 러시아

Mayer J. How Russia Helped Swing the Election for Trump. *New Yorker*. 2018 September 24. https://www.newyorker.com/magazine/2018/10/01/how-russia-helped-to-swing-the-electionfor-trump (accessed 2020 June 1).

CNN Editorial Research. 2016 Presidential Campaign Hacking Fast Facts. *CNN*. 2020 October 28. https://edition.cnn.com/2016/12/26/us/2016-presidential-campaign-hacking-fast-facts/index.html (accessed 2021 June 6).

Kiely E, Gore D. In His Own Words: Trump on Russian Meddling. *FactCheck* (Annenberg Public Policy Center). 2018 February 19. https://www.factcheck.org/2018/02/words-trump-russianmeddling (accessed 2020 June 1).

DHS Press Office. Joint Statement from the Department of Home land Security and Office of the Director of National Intelligence on Election Security. *DHS*. 2016 October 7. https://www.dhs.gov/news/2016/10/07/joint-statement-department-homeland-securityand-office-director-national (accessed 2020 June 1).

BBC. Trump Russia affair: Key questions answered. 2019 July 24. https://www.bbc.co.uk/news/world-us-canada-42493918 (accessed 2020 June 1).

Levine M. The Russia probe: A timeline from Moscow to Mueller. *ABC News*. 2019 July 23. https://abcnews.go.com/Politics/russia-probetimeline-moscow-mueller/story?id=57427441 (accessed 2020 June 1).

Pengelly M. Mueller too timid in Trump-Russia investigation, top prosecutor claims. *The Guardian*. 2020 September 22. https://www.theguardian.com/us-news/2020/sep/22/mueller-timid-trumprussia-investigation-prosecutor-andrew-weissmann (accessed 2020 September 22).

Friedman D, Corn D. With His Pardons of Stone and Manafort, Trump Completes His Cover-Up. *Mother Jones*. 2020 December 23. https://www.motherjones.com/politics/2020/12/with-his-pardonsof-stone-and-manafort-trump-completes-his-cover-up (accessed 2020 December 23).

Savage M. Trump told Theresa May he doubted Russia was behind Skripal poisoning. *The Guardian*. 2019 October 5. https://www.theguardian.com/us-news/2019/oct/05/trump-told-theresa-mayhe-doubted-russia-was-behind-skripal-poisoning (accessed 2020 December 1).

Harding L. The Skripal poisonings: the bungled assassination with the Kremlin's fingerprints all over it. *The Guardian*. 2018 December 26. https://www.theguardian.com/news/2018/dec/26/skripal-poisonings-bungled-assassination-kremlin-putin-salisbury (accessed 2020 December 1).

Harding L. 'A chain of stupidity': the Skripal case and the decline of Russia's spy agencies. *The Guardian*. 2020 June 23. https://www.theguardian.com/world/2020/jun/23/skripal-salisbury-poisoningdecline-of-russia-spy-agencies-gru (accessed 2020 December 1).

Smith D. 'The perfect target': Russia cultivated Trump as asset for 40 years – ex-KGB spy. *The Guardian*. 2021 January 29. https://www.theguardian.com/us-news/2021/jan/29/trump-russia-assetclaims-former-kgb-spy-new-book?CMP=Share_iOSApp_Other (accessed 2021 January 29).

권력 유지

Klimkin P, Ivanov V, and Umland A. Putin's new constitution spells out modern Russia's imperial ambitions. *Atlantic Council*. 2020 September 10. https://www.atlanticcouncil.org/blogs/ukrainealert/putins-new-constitution-spells-out-modern-russias-imperialambitions/ (accessed 2021 June 6).

Russell M. Briefing: Constitutional change in Russia: More Putin, or preparing for post-Putin. *European Parliament*. 2020 May. https://www.europarl.europa.eu/RegData/etudes/BRIE/2020/651935/EPRS_BRI(2020)651935_EN.pdf (accessed 2021 June 6).

Bennetts M. Vladimir Putin to get protection from prosecution for life. *The Sunday Times*. 2020 November 6. https://www.thetimes.co.uk/article/vladimir-putin-to-get-protection-from-prosecution-forlife-pkb09rsgq (accessed 2021 February 29).

코비드19

Chappell B. Russia's Sputnik Vaccine Is Reported To Be 92% Effective Against COVID-19. *NPR*. 2021 February 2. https://www.npr.org/sections/coronavirus-liveupdates/2021/02/02/963166648/russias-sputnik-vaccine-isreported-to-be-92-effective-against-covid-19 (accessed 2021 February 29).

Dyer O. Covid-19: Russia admits to understating deaths by more than two thirds. *The British Medical Journal*. 2020 December 31. https://www.bmj.com/content/371/bmj.m4975 (accessed 202. February 29).

Roth A. 'Disinfection tunnel' set up to protect Vladimir Putin from coronavirus. *The Guardian*. 202. June 17. https://www.theguardian.com/world/2020/jun/17/disinfection-tunnel-vladimirputin coronavirus-russia (accessed 2021 February 29).

알렉세이 나발니

Bidder B, Esch C. Russian Opposition Leader Alexei Navalny on His Poisoning: 'I Assert that Putin Wa Behind the Crime'. *Spiegel International*. 2020 October 1. https://www.spiegel.de/internationa world/alexei-navalny-on-his-poisoning-i-assertthat-putin-was-behind-the-crime-a-ae5923d5-20f. 4117-80bd-39a99b5b86f4 (accessed 2021 June 6).

Gil J. Alexey Navalny: 'I have no doubt that Putin gave the order to poison me'. *El País*. 2020 Decemb

14. https://english.elpais.com/international/2020-12-14/alexei-navalny-i-have-no-doubt-that-putingave-the-order-to-poison-me.html (accessed 2021 February 29).

Mirovalev M. Has Alexey Navalny moved on from his nationalist past? *Al Jazeera*. 2021 February 25. https://www.aljazeera.com/news/2021/2/25/navalny-has-the-kremlin-foe-moved-on-from-hisnationalist-past (accessed 2021 March 2).

Roache M. The Inside Story of How Alexey Navalny Uncovered Putin's $1.3 Billion Palace. *Time*. 2021 January 29. https://time.com/5934092/navalny-putin-palace-investigation (accessed 2021 March 19).

푸틴의 미래

Davis B. Revelations About 'Putin's Palace' Helped Spark Widespread Protests in Russia. Here's What's Inside His Secret 'New Versailles'. *Artnet*. 2021 January 26. https://news.artnet.com/art-world/putins-palace-luxury-1939501 (accessed 2021 June 6).

Hanbury M, Cain Á. No one knows Putin's exact net worth, but many speculate he's the wealthiest person on the planet – his $1 billion palace and $500 million yacht explain why. *Business Insider*. 2018 July 16. https://www.businessinsider.com/how-putin-spends-his-mysterious-fortune-2017-6?r=US&IR=T (accessed 2021 March 19).

Yaffa J. How Bill Browder Became Russia's Most Wanted Man. *New Yorker*. 2018 August 13. https://www.newyorker.com/magazine/2018/08/20/how-bill-browder-became-russias-mostwanted-man (accessed 2021 March 20).

Browder B. I'm Bill Browder. Here's the Biggest Mistake Putin Made When Trying to Get Access to Me Through Trump. *Time*. 2018 July 16. https://time.com/5340545/bill-browder-vladimir-putinmagnitsky-act-donald-trump (accessed 2021 June 6).

Harding L. Who was Sergei Magnitsky and how did UK sanctions come about? *The Guardian*. 2020 July 6. https://www.theguardian.com/politics/2020/jul/06/who-was-sergei-magnitsky-and-how-diduk-sanctions-come-about (accessed 2021 March 20).

푸틴의 러시아

초판 1쇄 발행 2022년 5월 26일

지은이 | 대릴 커닝엄
옮긴이 | 장선하
발행인 | 김형보
편집 | 최윤경, 강태영, 이경란, 임재희, 곽성우
마케팅 | 이연실
디자인 | 송은비
경영지원 | 최윤영

발행처 | 어크로스출판그룹(주)
출판신고 | 2018년 12월 20일 제 2018-000339호
주소 | 서울시 마포구 양화로10길 50 마이빌딩 3층
전화 | 070-5038-3533(편집) 070-8724-5877(영업)
팩스 | 02-6085-7676
이메일 | across@acrossbook.com

한국어판 출판권 ⓒ 어크로스출판그룹(주) 2022

ISBN 979-11-6774-046-5 03300

만든 사람들
편집 | 곽성우
교정교열 | 이정란
표지디자인 | 송은비
본문조판 | 홍영사